Dr. Jaerock Lee

Jaminan untuk Perkara yang Diharapkan

"Iman adalah keyakinan bersungguh-sungguh terhadap apa yang diharapkan, kepastian perkara-perkara yang tidak dapat dilihat. Kerana beriman, maka orang-orang zaman lampau disenangi oleh Tuhan. Dengan iman, kita memahami bahawa seluruh alam telah diciptakan oleh Firman Tuhan, jadi apa yang kelihatan tidak diciptakan daripada sesuatu yang dapat dilihat."
(Ibrani 11:1-6)

Jaminan untuk Perkara yang Diharapkan
Keimanan oleh Dr. Jaerock Lee
Diterbitkan oleh Urim Books (Wakil: Johnny. H. Kim)
235-3, Guro-dong 3, Guro-gu, Seoul Korea
www.urimbook.com
Tajuk kecil: Jaminan untuk Perkara yang Diharapkan

Hak cipta terpelihara. Buku ini atau sebahagian daripadanya mungkin tidak akan diterbitkan semula dalam mana-mana bentuk, disimpan dalam sistem pengambilan, atau dihantar dalam sebarang bentuk atau apa-apa cara, elektronik, mekanikal, salinan rekod atau selainnya, tanpa kebenaran bertulis terlebih dahulu bagi penerbit.

Kecuali jika dinyatakan sebaliknya, semua petikan Kitab Suci yang diambil dari Kitab Suci, NEW AMERICAN STANDARD BIBLE, ®, Hak cipta © 1960, 1962, 1963, 1968, 1971, 1972, 1973, 1975, 1977, 1995 oleh The Lockman Foundation. Digunakan dengan kebenaran.

Hak Cipta Terpelihara © 2009 oleh Dr. Jaerock Lee
ISBN: 979-11-263-1086-9 03230
Hak Cipta Terpelihara Terjemahan © 2008 oleh Dr. Esther K. Chung. Digunakan dengan kebenaran.

Sebelum ini diterbitkan ke dalam Korea oleh Urim Books pada tahun 1990

Pertama Diterbitkan Jun 2023

Disunting oleh Dr. Geumsun Vin
Direka bentuk oleh Biro Pengarang bagi Urim Books
Dicetak oleh Yewon Printing House
Untuk lebih banyak maklumat sila hubungi
urimbook@hotmail.com

Prakata

Saya juga ingin mengucapkan setinggi-tinggi penghargaan dan kasih kurnia kepada Tuhan Bapa yang telah membimbing kami untuk menerbitkan buku ini.

Tuhan, yang merupakan Kasih Sayang, menghantar satu-satunya Anak-Nya, Yesus Kristus, sebagai pengorbanan penebus bagi manusia yang telah ditakdirkan untuk mati disebabkan dosa mereka sejak keingkaran Adam, dan Yesus membuka jalan penyelamatan untuk kita. Dengan meyakini fakta ini, sesiapa yang membuka hatinya dan menerima Yesus Kristus sebagai Penyelamat akan diampunkan dosa dan menerima hadiah Roh Kudus serta dikenali sebagai anak Tuhan oleh-Nya. Selain itu, sebagai anak Tuhan, seseorang berhak menerima jawapan terhadap apa jua yang diminta dengan keimanan dan keyakinan. Ini akan membuahkan kehidupan yang mewah tanpa kekurangan, dan dia akan mempunyai keupayaan untuk menepis dugaan dunia.

Alkitab memberitahu kita bahawa bapa keimanan percaya dengan kuasa Tuhan yang menciptakan sesuatu daripada tiada apa-apa. Mereka menyaksikan keagungan kerja Tuhan. Tuhan kita sama seperti semalam, hari ini dan esok, dan dengan kuasa agung-Nya, Dia masih melakukan kerja-kerja menakjubkan bagi orang yang percaya dan mengamalkan firman Tuhan yang dicatatkan dalam Alkitab.

Sepanjang pengalaman saya selama sedekad ini, saya telah menyaksikan ramai ahli Manmin yang menerima jawapan dan penyelesaian bagi pelbagai masalah yang mereka deritai dalam hidup, dengan mempercayai dan mematuhi firman kebenaran, dan mereka dapat memberikan keagungan sebenar kepada Tuhan. Apabila mereka percaya kepada firman Tuhan yang berkata, "Umat Tuhan ditentang oleh orang-orang yang berusaha menguasainya dengan kekerasan." (Matius 11:12), dan mereka telah berusaha, berdoa dan mengamalkan firman Tuhan untuk memiliki keimanan yang lebih tinggi, mereka kelihatan lebih berharga dan cantik bagi saya berbanding yang lain.

Buku ini ditujukan kepada sesiapa yang benar-benar ingin menjalani hidup yang berjaya dengan memiliki keimanan sebenar untuk mengagungkan Tuhan, menyebarkan kasih sayang Tuhan dan berkongsi ajaran Tuhan. Sejak dua dekad lalu, saya telah menyebarkan banyak mesej bertajuk "Keimanan" dan buku ini dilahirkan selepas memilih dan menyunting mesej tersebut dengan susunan yang sesuai. Harapan saya bagi hasil karya ini, Keimanan: Jaminan untuk Perkara yang Diharapkan akan memainkan peranan seperti rumah api yang bertindak sebagai pemandu atau pembimbing menuju keimanan sebenar bagi ramai jiwa.

Angin bertiup ke arah yang diingini dan tidak dapat

dilihat dengan mata askar. Namun, apabila kita melihat daun pokok bergoyang ditiup angin, kita dapat memahami realiti kewujudan angin. Dengan cara yang sama, walaupun anda tidak dapat melihat Tuhan dengan mata kasar, Tuhan itu hidup dan benar-benar wujud. Oleh itu, berdasarkan keimanan anda kepada Tuhan, sejauh mana yang anda ingini, anda akan dapat melihat, mendengar dan merasakan kehadiran Tuhan serta mengalami-Nya.

Jaerock Lee

Isi Kandungan

Prakata

Bab 1
Keimanan Jasmani dan Keimanan Rohani · 1

Bab 2
Cara Pemikiran Jasmani Kejam Terhadap Tuhan · 13

Bab 3
Musnahkan Semua Jenis Pemikiran dan Teori · 29

Bab 4
Tanam Benih Keimanan · 43

Bab 5
'Jika Anda boleh?' Tiada Perkara Yang Mustahil! · 57

Bab 6
Daniel Hanya Bergantung kepada Tuhan · 71

Bab 7
Tuhan Menyediakan Terlebih Dahulu · 85

Bab 1

Keimanan Jasmani dan Keimanan Rohani

Ibrani 11:1-3

Iman adalah keyakinan bersungguh-sungguh terhadap apa yang diharapkan, kepastian perkara-perkara yang tidak dapat dilihat. Kerana beriman, maka orang-orang zaman lampau disenangi oleh Tuhan. Dengan iman, kita memahami bahawa seluruh alam telah diciptakan oleh Firman Tuhan, jadi apa yang kelihatan tidak diciptakan daripada sesuatu yang dapat dilihat.

Seorang paderi gembira melihat jemaahnya memiliki keimanan sebenar dan mengagungkan Tuhan dengan keimanan sebenar. Pada satu sisi, apabila sesetengah daripada mereka menyatakan kesaksian terhadap Tuhan yang hidup dan mengakui kehidupan mereka dalam Kristus, paderi akan bergembira dan menjadi lebih bersemangat dalam tugasnya yang telah diberikan oleh Tuhan. Sebaliknya, apabila sesetengah daripada mereka gagal untuk meningkatkan keimanan dan terjebak dalam ujian dan penderitaan, paderi perlu merasakan kesakitan dan hatinya menderita.

Tanpa keimanan, bukan sahaja mustahil bagi anda untuk menyenangkan hati Tuhan dan menerima jawapan untuk doa anda, malah juga sukar untuk anda memiliki harapan bagi syurga dan menjalani kehidupan keimanan yang benar.

Keimanan adalah elemen paling penting dalam menjalani kehidupan Kristian. Ia merupakan jalan pintas menuju penyelamatan dan penting dalam menerima jawapan daripada Tuhan. Pada zaman kini, ramai orang gagal memiliki keimanan sebenar kerana mereka tidak memahami erti keimanan. Mereka gagal mendapat jaminan penyelamatan. Mereka gagal berjalan dalam cahaya dan tidak menerima jawapan Tuhan walaupun mereka mengakui keimanan kepada Tuhan.

Keimanan dibahagikan kepada dua kategori: Keimanan jasmani dan Keimanan rohani. Bab pertama ini menerangkan kepada anda tentang apakah keimanan sebenar dan bagaimana anda dapat menerima jawapan daripada Tuhan, dan dibimbing di jalan menuju kehidupan abadi melalui keimanan sebenar.

Keimanan Jasmani

Apabila anda mempercayai apa yang dapat dilihat dengan mata kasar dan perkara yang selari dengan pengetahuan dan pemikiran anda, keimanan jenis ini dinamakan "keimanan jasmani." Dengan keimanan jasmani, anda hanya dapat mempercayai perkara yang dapat dilihat dengan mata kasar. Contohnya, ada percaya bahawa meja diperbuat daripada kayu.

Keimanan jasmani juga dinamakan "keimanan sebagai pengetahuan." Dengan keimanan jasmani, anda percaya hanya dengan apa yang selari dengan pengetahuan yang disimpan dalam otak dan minda anda. Anda mungkin percaya tanpa keraguan bahawa meja diperbuat daripada kayu kerana anda pernah melihat atau mendengar bahawa meja diperbuat daripada kayu dan anda memahaminya.

Manusia mempunyai unit memori di dalam otak. Mereka menyimpan banyak jenis pengetahuan yang dikumpulkan sejak lahir. Mereka menyimpan dalam sel oak pengetahuan yang mereka telah lihat, dengar dan dapati daripada ibu bapa, adik-beradik, kawan-kawan dan jiran, serta apa yang diajarkan di sekolah, dan menggunakan pengetahuan yang tersimpan ini apabila diperlukan.

Bukan setiap pengetahuan yang disimpan dalam otak merupakan kebenaran. Firman Tuhan adalah kebenaran kerana ia kekal selama-lamanya, manakala pengetahuan dunia mudah berubah dan ia merupakan campuran kebenaran dan dusta. Manusia di dunia tidak menyedari bahawa dusta disalah guna sebagai kebenaran kerana mereka tidak memahami kebenaran dengan sepenuhnya. Contohnya, mereka percaya bahawa teori evolusi adalah benar kerana mereka belajar tentang teori ini di sekolah tanpa mengetahui firman Tuhan.

Orang yang diajarkan hanya fakta bahawa semua benda dihasilkan daripada benda yang sedia wujud tidak akan mempercayai yang benda boleh dihasilkan daripada sesuatu yang tidak wujud.

Jika manusia yang mempunyai keimanan jasmani dipaksa untuk percaya bahawa sesuatu benda dihasilkan daripada sesuatu yang tidak sedia wujud, pengetahuan yang telah disimpan dan dipercayai sejak lahir menghalangnya daripada mempercayai hal ini, dan dia akan dipenuhi keraguan dan tidak akan percaya.

Dalam bab ketiga Yohanes, seorang pemerintah Yahudi bernama Nikodemus bertemu Yesus dan berbual tentang perkara rohani dengan-Nya. Dalam perbualan itu, Yesus mencabarnya dengan berkata, "Kamu tidak percaya, waktu Aku berkata-kata dengan kamu tentang hal-hal duniawi, bagaimana kamu akan percaya, kalau Aku berkata-kata dengan kamu tentang hal-hal syurgawi?" (ayat 12)

Apabila anda memulakan kehidupan dalam Kristus, anda menyimpan pengetahuan tentang firman Tuhan sebanyak mana yang anda dengar. Namun, pada mulanya anda tidak akan dapat percaya sepenuhnya, kerana keimanan anda adalah berdasarkan jasmani. Dengan keimanan jasmani ini, keraguan akan timbul dalam diri anda dan anda gagal hidup berdasarkan firman

Tuhan, gagal berkomunikasi dengan Tuhan dan tidak menerima kasih sayang-Nya. Itu sebabnya keimanan jasmani juga dinamakan "keimanan tanpa tindakan," atau "keimanan mati."

Dengan keimanan jasmani, anda tidak dapat diselamatkan. Yesus berkata dalam Matius 7:21, "Tidak semua orang yang memanggil Aku, 'Tuhan, Tuhan,' akan menjadi anggota umat Tuhan, tetapi hanya orang-orang yang melakukan kehendak Bapa-Ku yang di syurga" dan dalam Matius 3:12, "Di tangan-Nya ada nyiru untuk menampi semua gandum-Nya sampai bersih. Gandum akan dikumpulkan-Nya di dalam lumbung, tetapi semua sekam akan dibakar-Nya di dalam api yang tidak bisa padam." Secara ringkas, jika anda tidak mengamalkan firman Tuhan dan keimanan anda adalah keimanan tanpa tindakan, anda tidak dapat masuk ke kerajaan syurga.

Iman Rohaniah

Apabila anda mempercayai perkara yang tidak dapat dilihat dan perkara yang tidak selari dengan pemikiran dan pengetahuan manusia, anda dianggap sebagai memiliki keimanan rohani. Dengan keimanan rohani ini, anda dapat mempercayai bahawa sesuatu dapat dicipta daripada sesuatu yang tidak sedia wujud.

Berkenaan keimanan rohani, Ibrani 11:1 menerangkan seperti berikut: "Iman adalah keyakinan bersungguh-sungguh terhadap apa yang diharapkan, kepastian perkara-perkara yang tidak dapat dilihat." Dalam erti kata lain, apabila anda melihat sesuatu dengan mata keimanan, perkara ini akan menjadi realiti bagi anda dan apabila anda melihat dengan mata keimanan sesuatu yang tidak dilihat, dengan keyakinan ini, perkara yang tidak dapat dilihat ini akan diserlahkan. Dalam keimanan rohani, apa yang tidak dapat dilakukan dengan keimanan jasmani, iaitu keimanan yang dinamakan "keimanan pengetahuan," akan jadi nyata dan diserlahkan sebagai realiti.

Contohnya, apabila Musa melihat sesuatu dengan mata keimanan, Laut Merah dibelah dua dan orang Israel merentasi kawasan tengah yang kering itu (Keluaran 14:21-22). Apabila Yosua, iaitu pengganti Musa, dan pengikutnya melihat bandar Yerikho dan berkawad di sekeliling bandar selama 7 hari serta menjerit ke arah dinding bandar, ternyata bandar ini kalah (Yosua 6:12-20). Abraham, bapa keimanan, dapat mematuhi perintah Tuhan, dan menawarkan satu-satunya anak lelakinya, Ishak, yang merupakan benih janji Tuhan kerana dia percaya bahawa Tuhan akan dapat menghidupkan semula orang yang telah mati (Kejadian 22:3-12). Inilah sebabnya keimanan rohani dinamakan "keimanan yang diikuti tindakan," dan "keimanan hidup."

Ibrani 11:3 menyatakan, "Dengan iman, kita memahami bahawa seluruh alam telah diciptakan oleh Firman Tuhan, jadi apa yang kelihatan tidak diciptakan daripada sesuatu yang dapat dilihat." Syurga dan dunia serta semua perkara di antaranya termasuklah matahari, bulan, bintang, pokok, burung, ikan dan haiwan buas, diciptakan oleh firman Tuhan dan Dia membentuk manusia daripada tanah. Semua ini dicipta daripada tiada apa-apa, dan kita percaya dan memahami hal ini hanya dengan keimanan rohani.

Bukan semua perkara dapat dilihat dengan mata kasar atau realiti nyata, tetapi dengan kuasa Tuhan, dengan firman-Nya, segala perkara dihasilkan. Itu sebabnya kita mengakui bahawa Tuhan Maha Besar dan Mengetahui, dan daripada-Nya kita dapat menerima apa sahaja yang diminta dengan keimanan. Ini kerana Tuhan yang Maha Berkuasa ialah Bapa kita dan kita ialah anak-Nya, jadi segala-galanya dilakukan untuk kita seperti yang kita yakini.

Untuk menerima jawapan dan mengalami mukjizat keimanan, anda mesti menukarkan keimanan jasmani kepada keimanan rohani. Pertama sekali, anda perlu memahami bahawa pengetahuan yang disimpan dalam minda sejak lahir dan keimanan jasmani yang dibentuk berdasarkan pengetahuan ini menghalang anda daripada memiliki keimanan rohani. Anda mesti buang semua pengetahuan yang membawa keraguan, dan buang pengetahuan yang telah disalah simpan dalam otak anda. Sebanyak mana anda mendengar dan memahami firman Tuhan, begitulah pengetahuan rohani akan lebih banyak disimpan dalam diri anda, dan sejauh mana anda menyaksikan tanda dan keajaiban yang diserlahkan oleh kuasa Tuhan serta menyaksikan bukti Tuhan hidup yang dinyatakan oleh pengikut lain melalui testimoni, keraguan akan hilang dan keimanan rohani berkembang.

Sebanyak mana keimanan rohani anda berkembang, anda boleh hidup dalam firman Tuhan, dapat berkomunikasi dengan-

Nya dan menerima jawapan daripada-Nya. Apabila keraguan anda telah dibuang sepenuhnya, anda boleh berdiri di atas batu keimanan yang kukuh dan dianggap memiliki keimanan yang kuat dengan mana anda dapat menjalani kehidupan dengan jayanya, tidak kira apa jua ujian dan halangan yang dihadapi.

Dengan batu keimanan ini, Yakobus 1:6 mengingatkan kita, "Tetapi orang yang meminta, harus percaya; ia tidak boleh ragu-ragu. Sebab orang yang ragu-ragu adalah seperti ombak di laut yang ditiup angin ke sana ke mari," dan Yakobus 2:14 bertanya, "Saudara-saudara! Apa gunanya orang berkata, "Saya orang yang percaya", kalau ia tidak menunjukkannya dengan perbuatannya? Dapatkah iman itu menyelamatkan dia?"

Oleh itu, saya menggalakkan anda untuk mengingati bahawa hanya apabila anda membuang semua keraguan, berdiri di atas batu keimanan dan menunjukkan amalan keimanan, dapat anda dianggap sebagai memiliki keimanan rohani dan sebenar dengan mana anda akan dapat diselamatkan.

Keimanan Sebenar dan Keimanan Abadi

Kisah teladan sepuluh perawan yang dicatatkan dalam bab 25 Matius memberikan kita banyak pengajaran. Kisah ini menyatakan bahawa sepuluh perawan membawa lampu dan keluar untuk bertemu pengantin lelaki. Lima daripada mereka bijak dan membawa sekali bekas minyak bersama lampu, dan berjaya bertemu dengan pengantin lelaki, namun lima perawan lain agak bodoh dan tidak membawa minyak bersama lampu mereka, jadi mereka tidak dapat bertemu dengan pengantin lelaki. Kisah ini menerangkan kepada kita bahawa di kalangan penganut, ada yang menjalani kehidupan penuh keimanan dan bersedia untuk kepulangan semula Yesus dengan keimanan rohani yang dapat menyelamatkan mereka, namun ada juga penganut yang tidak bersedia dengan sepenuhnya, yang tidak akan menerima penyelamatan kerana keimanan mereka adalah keimanan mati yang tidak disertakan tindakan.

Melalui Matius 7:22-23, Yesus mengingatkan kita bahawa walaupun ramai yang telah membuat ramalan, mengusir syaitan dan menunjukkan keajaiban atas nama-Nya, bukan semua daripada mereka dapat diselamatkan. Ini kerana mereka adalah jerami yang tidak menjalankan kehendak Tuhan, sebaliknya mengamalkan kehidupan tanpa peraturan dan membuat dosa.

Bagaimana dapat kita bezakan antara jerami dan gandum?
The Compact Oxford English Dictionary mendefinisikan 'jerami' sebagai 'kulit luar bijian atau bijirin yang diasingkan dengan cara menampi.' Jerami secara rohani melambangkan penganut yang kelihatan seperti hidup dalam firman Tuhan tetapi melakukan dosa tanpa mengubah hati mereka dengan kebenaran. Mereka pergi ke gereja setiap hari Ahad, berdoa kepada Tuhan, menjaga ahli jemaah yang lemah dan berbakti kepada gereja, namun mereka melakukan semua ini bukan kerana Tuhan, tetapi untuk menunjuk-nunjuk kepada manusia di sekeliling. Itu sebabnya mereka termasuk dalam golongan jerami dan tidak akan menerima penyelamatan.

Gandum merujuk kepada penganut yang telah berubah

menjadi manusia rohani dengan firman kebenaran Tuhan, dan memiliki keimanan yang tidak dapat digugat oleh keadaan serta tidak berpaling ke kiri atau ke kanan. Mereka melakukan segala-galanya dengan keimanan: Mereka berpuasa dengan keimanan dan berdoa kepada Tuhan dengan keimanan, supaya mereka dapat menerima jawapan daripada Tuhan. Mereka tidak bertindak dengan paksaan daripada orang lain, tetapi melakukan semua perkara dengan gembira dan penuh kesyukuran. Memandangkan mereka mengikut suara Roh Kudus untuk menyenangkan hati Tuhan dan bertindak dengan keimanan, jiwa mereka makmur, segala-galanya berjalan lancar untuk mereka dan mereka juga sentiasa sihat.

Saya ingin anda menyemak diri sendiri, adakah anda mengagungkan Tuhan dengan kebenaran dan keimanan atau adakah anda mengikut pemikiran dan menghakimi firman Tuhan semasa majlis khutbah. Anda juga mesti mengingat semula dan lihat sama ada anda memberi derma dengan penuh kegembiraan atau hanya memberikan sedikit sahaja atau tidak rela, hanya kerana ada orang di sekeliling. Lebih kuat keimanan rohani anda berkembang, lebih banyak amalan yang akan mengikuti anda. Sebanyak mana anda mengamalkan firman Tuhan, keimanan hidup akan diberikan kepada anda dan anda akan hidup dalam kasih sayang dan rahmat Tuhan, berjalan dengan-Nya, dan anda akan berjaya dalam semua perkara. Semua rahmat yang dicatatkan dalam Alkitab akan datang kepada anda kerana janji Tuhan adalah pasti seperti yang dinyatakan dalam Bilangan 23:19, "Tuhan bukanlah manusia, sehingga Dia berdusta, bukan anak manusia, sehingga Dia menyesal. Masakan Dia berfirman dan tidak melakukannya? Atau berbicara dan tidak menepatinya?"

Namun, jika anda menghadiri khutbah dan selalu berdoa serta berkhidmat dengan tekun kepada gereja namun gagal menerima keinginan hati, anda perlu memahami bahawa tentu ada sesuatu yang tidak kena dengan anda.

Jika anda mempunyai keimanan sebenar, anda perlu mengikut dan mengamalkan firman Tuhan. Anda tidak boleh menurut pemikiran dan pengetahuan sendiri, sebaliknya perlu mengakui bahawa hanya firman Tuhan adalah kebenaran dan beranikan diri untuk memusnahkan apa sahaja yang menentang firman Tuhan. Anda mesti membuang semua bentuk kejahatan dengan cara mendengar firman Tuhan dengan tekun dan mencapai penyucian melalui doa yang tidak putus-putus.

Anda tidak akan diselamatkan hanya dengan hadir di gereja dan mendengar firman Tuhan serta menyimpannya sebagai pengetahuan. Melainkan anda mengamalkannya, ini adalah keimanan mati tanpa amalan. Hanya apabila anda memiliki keimanan rohani yang benar serta melakukan kehendak Tuhan, barulah anda dapat masuk ke kerajaan syurga dan menikmati kehidupan abadi.

Semoga anda sedar bahawa Tuhan mahu anda memiliki keimanan rohani yang disertai amalan, dan semoga anda menikmati kehidupan abadi serta keistimewaan sebagai anak Tuhan dengan keimanan sebenar!

Bab 2

Cara Pemikiran Jasmani Kejam Terhadap Tuhan

Roma 8:5-8

"Sebab mereka yang hidup menurut daging, memikirkan hal-hal yang dari daging; mereka yang hidup menurut Roh, memikirkan hal-hal yang dari Roh. Kerana keinginan daging adalah maut, tetapi keinginan Roh adalah hidup dan damai sejahtera. Sebab keinginan daging adalah perseteruan terhadap Tuhan, kerana ia tidak takluk kepada hukum Tuhan; hal ini memang tidak mungkin baginya. Mereka yang hidup dalam daging, tidak mungkin berkenan kepada Tuhan."

Kini, terdapat ramai orang yang pergi ke gereja dan menganut kepercayaan mereka pada Yesus Kristus. Ini merupakan berita yang gembira dan baik bagi kita. Tetapi Tuhan Yesus bersabda dalam Matius 7:21, "Tidak semua orang yang memanggil Aku, 'Tuhan, Tuhan,' akan menjadi anggota umat Tuhan, tetapi hanya orang-orang yang melakukan kehendak Bapa-Ku yang di syurga." Kemudian dia menambah pula dalam Matius 7:22-23, "Pada Hari Kiamat banyak orang akan berkata kepada-Ku, 'Tuhan, Tuhan, bukankah dengan nama-Mu kami sudah menyampaikan pesan Tuhan? Dan bukankah dengan nama Tuhan juga kami sudah mengusir roh-roh jahat serta mengadakan banyak keajaiban?' Pada waktu itulah Aku akan berterus terang kepada mereka dan berkata: Aku tidak pernah mengenal kamu! Nyahlah dari padaKu, kamu sekalian pembuat kejahatan.'"

Yakobus 2:26 menyatakan, "Sebab seperti tubuh tanpa roh adalah mati, demikian jugalah iman tanpa perbuatan-perbuatan adalah mati." Kerana itulah anda harus melengkapkan iman anda melalui amal ketaatan agar anda boleh diangkat sebagai anak Tuhan sejati yang menerima apa-apa yang diminta.

Selepas kita menerima Yesus Kristus sebagai Penyelamat kita, kita menikmati dan melaksanakan undang-undang Tuhan dalam minda kita. Walau bagaimanapun, jika kita gagal dalam mengekalkan firman Tuhan, maka kita melaksanakan undang-undang dosa dengan daging kita dan gagal untuk menyenangi hati-Nya. Kerana dengan fikiran daginglah kita diletakkan pada kedudukan kejahatan terhadap Tuhan dan tidak dapat tertakluk di bawah undang-undang Tuhan.

Namun, jika kita membuang fikiran daging dan menurut

fikiran rohani, maka kita boleh dibimbing oleh Roh Tuhan, menurut perintah-Nya dan menyenangi-Nya sama seperti cara Yesus memenuhi undang-undang kasih sayang. Oleh itu, Tuhan berjanji dengan berfirman, "Semua perkara mungkin bagi orang yang beriman," tertakluk pada kita.

Mari kita selidik perbezaan antara fikiran daging dan rohani. Mari lihat sebab fikiran daging jahat terhadap Tuhan dan cara kita boleh mengelakkan fikiran daging dan berjalan mengikut Roh untuk menyenangi Tuhan.

Manusia Daging Berfikir akan Keinginan Daging manakala Manusia Rohani Menginginkan Perkara Roh

1) Daging dan Keinginan Daging

Dalam Injil, kita terjumpa istilah seperti 'daging', 'perkara daging', 'keinginan daging,' dan 'kerja daging.' Semua perkataan ini serupa dari segi maksud dan semua akan mereput dan lenyap selepas kita meninggalkan dunia ini.

Perbuatan/kerja daging dicatatkan dalam Galatia 5:19-21: "Perbuatan daging telah nyata, iaitu: pencabulan, pencemaran, hawa nafsu, penyembahan berhala, sihir, perseteruan, perselisihan, iri hati, amarah, kepentingan diri sendiri, pencederaan, roh pemecah, kedengkian, mabuk, pesta pura dan sebagainya. Terhadap semuanya itu aku peringatkan kamu--seperti yang telah ku buat dahulu--bahawa barangsiapa melakukan hal-hal yang demikian, ia tidak akan mendapat tempat di dalam Kerajaan Tuhan."

Dalam Roma 13:12-14, hawari Paulus memberi amaran kepada kita tentang keinginan daging dengan berkata, "Malam sudah hampir lewat; dan sebentar lagi akan siang. Jadi, baiklah kita berhenti melakukan perbuatan-perbuatan gelap. Kita harus melengkapi diri kita dengan senjata terang. Marilah kita hidup dengan sopan, seperti pada siang hari, jangan dalam pesta pora dan kemabukan, jangan dalam percabulan dan hawa nafsu, jangan dalam perselisihan dan iri hati. Biarlah Tuhan Yesus Kristus yang menentukan apa yang kalian harus lakukan. Dan janganlah menuruti tabiat manusia yang berdosa untuk memuaskan hawa nafsu."

Kita memiliki minda dan kita mempunyai fikiran. Apabila kita menyimpan keinginan dosa dan ketidakbenaran dalam minda kita, keinginan dosa dan ketidakbenaran tersebut dipanggil "keinginan daging" dan apabila keinginan dosa tersebut dizahirkan sebagai tindakan, ia itu digelar "perbuatan daging." Keinginan dan perbuatan daging menentang kebenaran, oleh itu tiada sesiapa yang menikmati dalam penentangan ini boleh mewarisi kerajaan Tuhan.

Oleh itu, Tuhan memberi amaran kepada kita dalam 1 Korintus 6:9-10, "Tahukah kalian bahwa orang-orang yang tidak menuruti kemahuan Tuhan, tidak akan menjadi anggota umat Tuhan? Jangan tertipu; orang-orang yang berbuat cabul, orang-orang yang menyembah berhala, yang berzina, yang melakukan perbuatan yang memalukan terhadap sesama jenisnya, yang mencuri, yang serakah, yang pemabuk, yang suka memburuk-burukkan orang lain, dan yang memeras orang lain--semua orang seperti itu tidak akan menjadi anggota umat Tuhan," dan juga dalam 1 Korintus 3:16-17, "Tahukah Saudara bahawa kalian adalah Rumah Tuhan? Dan bahawa Roh Tuhan tinggal di dalam kalian? Kalau ada orang yang merosakkan Rumah Tuhan, Tuhan pun akan merosakkan orang itu. Sebab Rumah Tuhan adalah khusus untuk Tuhan saja, dan kalianlah rumah itu."

Seperti yang dinyatakan dalam perenggan di atas, anda perlu sedar bahawa golongan fasik yang berbuat dosa dan bertindak jahat tidak boleh mewarisi kerajaan Tuhan - golongan yang mengamalkan perbuatan daging tidak boleh diselamatkan. Berjaga-jaga agar tidak terjerumus dalam godaan pendakwah yang berkata kita boleh diselamatkan hanya dengan pergi ke gereja. Dengan nama Tuhan, saya merayu agar anda tidak terjerumus dalam godaan dengan meneliti firman Tuhan dengan teliti.

2) Roh dan Keinginan Roh

Manusia terdiri daripada jiwa, roh dan tubuh, jasad kita binasa. Jasad hanya menempatkan jiwa dan roh kita. Jiwa dan roh merupakan entiti yang tidak boleh dibinasakan yang mengawal pengendalian minda kita dan memberkati kita dengan kehidupan.

Roh dikelaskan dalam dua kategori: Roh yang dimiliki Tuhan dan roh yang tidak dimiliki Tuhan. Kerana itulah dalam 1 Yohanes 4:1 berkata, "Saudara-saudara yang tercinta! Janganlah percaya kepada semua orang yang mengaku mempunyai Roh Tuhan, tetapi ujilah dahulu mereka untuk mengetahui apakah roh yang ada pada mereka itu berasal dari Tuhan atau tidak. Sebab banyak nabi palsu sudah berkeliaran ke mana-mana."

Roh Tuhan membantu kita mengaku bahawa Yesus Kristus datang dalam daging dan membawa kita untuk mengenali perkara yang percuma diberi kepada kita oleh Tuhan (1 Yohanes 4:2, 1 Korintus 2:12).

Yesus berkata dalam Yohanes 3:6, "Manusia secara jasmani dilahirkan oleh orang tua, tetapi secara rohani dilahirkan oleh Roh Tuhan." Jika kita menerima Yesus Kristus dan menerima Roh Kudus, Roh Kudus datang dalam hati kita, menguatkan kita untuk memahami firman Tuhan, membantu kita untuk hidup mengikut kata-kata kebenaran dan membimbing kita menjadi manusia rohani. Apabila Roh Kudus datang ke hati kita, Dia menjadikan roh mati kita hidup semula, maka ia seperti kita dilahirkan semula oleh Roh dan menjadi kudus melalui penyunatan hati.

Tuhan Yesus kita berkata dalam Yohanes 4:24, "Sebab Tuhan itu Roh, dan hanya dengan kuasa Roh Tuhan orang-orang dapat menyembah Bapa sebagaimana Ia ada." Roh dimiliki dunia dimensi ke-4, maka Tuhan yang merupakan roh bukan sahaja melihat hati setiap daripada kita tetapi Dia juga tahu segala-galanya tentang kita.

Dalam Yohanes 6:63, ia berkata "Yang membuat manusia hidup ialah Roh Tuhan. Kekuatan manusia tidak ada gunanya.

Kata-kata yang Ku katakan kepadamu ini adalah kata-kata Roh Tuhan dan kata-kata yang memberi hidup," Yesus menerangkan kepada kita bahawa Roh Kudus memberi kita kehidupan dan firman Tuhan adalah roh.

Dan Yohanes 14:16-17 berkata, "Aku akan minta kepada Bapa, dan Ia akan memberikan kepadamu Penolong lain, yang akan tinggal bersama kalian untuk selama-lamanya. Dia itu Roh Tuhan yang akan menyatakan kebenaran tentang Tuhan. Dunia tak dapat menerima Dia, kerana tidak melihat atau mengenal-Nya. Tetapi kalian mengenal Dia, kerana Ia tinggal bersama kalian dan akan bersatu dengan kalian." Jika kita menerima Roh Kudus dan menjadi anak Tuhan, Roh Kudus membawa kita ke jalan yang benar.

Roh Kudus tinggal dalam diri kita selepas kita menerima Tuhan dan melahirkan roh dalam diri. Dia membimbing kita ke kebenaran dan membantu kita sedar akan semua ketidaksalihan dan bertaubat serta berpaling daripada dosa. Jika kita berjalan menentang kebenaran, Roh Kudus merengus, menjadikan kita resah, menggalakkan kita untuk sedar akan dosa kita dan melengkapkan pengkudusan.

Selain itu, Roh Kudus juga digelar Roh Tuhan (1 Korintus 12:3) dan Roh Tuhan (Kisah Para Rasul 5:9; 8:39). Roh Tuhan adalah Kebenaran yang abadi dan Roh pemberi kehidupan serta membimbing kita ke kehidupan abadi.

Berlainan pula dengan roh yang bukan kepunyaan Tuhan

tetapi menentang Roh Tuhan tidak mengaku bahawa Yesus datang ke dunia ini dalam daging dan digelar 'roh dunia' (1 Korintus 2:12), 'roh dajjal' (1 Yohanes 4:3), 'roh penipu' (1 Timotius 4:1) dan 'roh kotor' (Wahyu 16:13). Semua roh ini datang daripada iblis. Mereka tidak berasal daripada Roh kebenaran. Roh ketidakbenaran ini tidak memberikan kehidupan tetapi membawa orang ke jalan kemusnahan.

Roh Kudus merujuk kepada Roh Tuhan yang sempurna dan oleh itu, apabila kita menerima Yesus Kristus dan menjadi anak Tuhan, kita menerima Roh Kudus dan Roh Kudus melahirkan roh dan kesalihan dalam diri kita dan menguatkan kita untuk menghasilkan buah Roh Kudus, kesalihan dan Cahaya. Kerana kita menyerupai Tuhan melalui kerja Roh Kudus, kita akan dibimbing oleh-Nya, digelar anak Tuhan dan menggelar Tuhan "Abba! Bapa!" kerana kita menerima roh pengangkatan sebagai anak (Roma 8:12-15).

Oleh itu, walaupun kita banyak dibimbing oleh Roh Kudus, kita menghasilkan sembilan buah Roh Kudus iaitu cinta, kegembiraan, keamanan, kesabaran, kebaikan, kesalihan, kelembutan dan kawalan diri (Galatia 5:22-23). Kita juga menghasilkan buah kesalihan dan buah Cahaya yang mengandungi semua kebaikan dan kesalihan serta kebenaran yang diperlukan agar kita mencapai penyelamatan penuh (Efesus 5:9).

Fikiran Daging Menuju Kematian, tetapi Fikiran Rohani Menuju Kehidupan dan Keamanan

Jika anda menuruti daging, anda menetapkan minda pada perkara daging. Anda akan hidup menurut daging dan membuat dosa. Kemudian, mengikut firman Tuhan yang mengatakan bahawa "Gaji dosa adalah kematian," anda akan menuju kematian. Kerana itu Tuhan bertanya kepada kita, "Saudara-saudara! Apa gunanya orang berkata, "Saya orang yang percaya", kalau ia tidak menunjukkannya dengan perbuatannya? Dapatkah iman itu menyelamatkan dia? Begitulah juga dengan iman, jika tidak dinyatakan dengan perbuatan, maka iman itu tidak ada gunanya" (Yakobus 2:14, 17).

Jika anda menetapkan minda pada daging, ia bukan sahaja menyebabkan anda untuk berdosa dan menderita masalah di dunia, tetapi anda juga tidak dapat mewarisi kerajaan syurga. Maka, anda perlu ingat dan melakukan perbuatan jasad ke kematian agar anda boleh memperoleh kehidupan abadi (Roma 8:13).

Berlainan pula jika anda mengikuti Roh, anda akan menetapkan minda anda pada Roh dan cuba yang terbaik untuk hidup berpandukan kebenaran. Kemudian Roh Kudus akan membantu anda melawan iblis dan syaitan, membuang perkara yang tidak benar dan berjalan di atas kebenaran, kemudian anda disucikan.

Katakan seseorang menyerang anda di pipi tanpa sebab. Anda mungkin berasa marah, tetapi anda boleh mengusir pemikiran duniawi dan mengikuti pemikiran rohani dan bukan mengingati penyaliban Yesus. Kerana firman Tuhan memberitahu kita untuk berpaling kepadanya bagi pipi yang lain apabila kita dipukul pada pipi dan untuk bergembira sentiasa dalam apa jua keadaan, anda boleh memaafkan, bersabar, dan beribadahlah kepada lain. Hasilnya, anda tidak perlu takut. Dengan cara ini anda boleh mendapat ketenangan di dalam hati anda. Sehingga anda menjadi dikuduskan, anda mungkin mahu mengecam dan menghukum orang bersalah kerana kejahatan masih dalam anda. Tetapi, selepas anda membuang setiap bentuk kejahatan, anda merasakan cinta kepada-Nya walaupun anda mencari kesalahannya.

Oleh itu, jika anda menetapkan fikiran anda pada semangat, anda mendapatkan perkara-perkara rohani dan berjalan dalam firman kebenaran. Dan hasilnya anda boleh mendapat keselamatan dan kehidupan yang benar, dan hidup anda akan dipenuhi dengan keamanan serta keberkatan.

Pemikiran Duniawi Dimurkai Tuhan

Pemikiran duniawi menghalang anda dari berdoa kepada Tuhan manakala yang rohani menggesa anda untuk berdoa kepada-Nya. Pemikiran duniawi mengakibatkan permusuhan dan pertengkaran, manakala yang rohani membawa kepada cinta dan kedamaian. Begitu juga, pemikiran duniawi menentang kebenaran, dan ia sebenarnya kehendak dan pemikiran daripada musuh yakni syaitan. Sebab itu jika kamu tetap dalam pemikiran duniawi, halangan akan dibina terhadap Tuhan dan ia akan menghalang jalan bagi kehendak Tuhan untuk anda.

Pemikiran duniawi tidak membawa keamanan tetapi hanya kegelisahan, kebimbangan, dan masalah. Pendek kata, pemikiran duniawi tidak bermakna dan tidak memberi sebarang manfaat. Bapa kita Tuhan adalah Maha Kuasa dan Maha Mengetahui, sebagai Pencipta yang memerintah langit dan bumi serta segala yang ada di dalamnya, serta roh dan badan kita. Apa yang Tuhan tidak mampu berikan kepada kami anak-anak yang dikasihi-Nya? Jika bapa anda seorang presiden bagi kumpulan industri, anda tidak perlu risau tentang wang, dan jika ayah anda seorang doktor perubatan, kesihatan yang baik dijamin untuk anda.

Seperti yang Yesus katakan dalam Markus 9:23, "'Jika Kau boleh?' Tidak ada yang mustahil bagi orang yang percaya," pemikiran rohani membawa iman dan kesejahteraan kepada kamu, sedangkan pemikiran duniawi menghalang kamu daripada mencapai kehendak dan perbuatan-perbuatan Tuhan dengan memberikan kamu kerisauan, kebimbangan dan masalah. Itulah sebabnya, pemikiran duniawi, Roma 8:7 berkata, "Sebab keinginan daging adalah perseteruan terhadap Tuhan, kerana ia tidak takluk kepada hukum Tuhan; hal ini memang tidak mungkin baginya."

Kami adalah anak-anak Tuhan yang beribadah kepada Tuhan dan memanggil-Nya "Bapa." Jika anda tidak mempunyai kegembiraan tetapi rasa bermasalah, kecewa, dan bimbang, walau bagaimanapun, ia membuktikan bahawa anda mengikuti pemikiran duniawi yang dicetuskan oleh iblis dan syaitan dan bukannya pemikiran rohani yang diberikan oleh Tuhan. Jadi, anda perlu bertaubat dengan segera, maka tinggalkanlah ia, dan cari pemikiran rohani. Ia kerana kita dapat menyerahkan diri kepada Tuhan dan taat kepada-Nya hanya dengan minda rohani.

Mereka Yang dalam Duniawi Tidak dapat Diredhai Tuhan

Mereka yang menetapkan fikiran mereka pada duniawi didapati menentang Tuhan, dan tidak patuh kepada undang-undang Tuhan. Mereka taat kepada Tuhan dan tidak boleh mendapat keredhaanNya, akhirnya mengalami ujian dan masalah.

Sejak Abram, bapa keimanan, sentiasa berusaha mencari pemikiran rohani, dia dapat taat kepada perintah Tuhan yang mengarahkan Ishak, anaknya, ditawarkan sebagai korban bakaran. Sebaliknya, Raja Saul, yang mengikuti pemikiran duniawi, akhirnya meninggalkan; Yunus telah dilambung oleh ribut yang kuat dan ditelan oleh ikan besar; Orang Israel terpaksa menderita 40 tahun hidup yang sukar di padang gurun selepas Keluaran.

Apabila anda mengikuti pemikiran rohani dan menunjukkan perbuatan iman, anda boleh diberikan keinginan hati anda, hanya seperti yang dijanjikan di dalam Mazmur 37:4-6, "Carilah kebahagiaan kepada TUHAN; dan Ia akan memberikan kepadamu apa yang diinginkan oleh hatimu. Serahkanlah hidupmu kepada TUHAN, percayalah juga kepada-Nya, dan Dia akan melakukannya. Dia akan menyatakan kebenaran kamu sebagai cahaya dan pertimbangan kamu seperti hari siang."

Sesiapa yang benar-benar percaya Tuhan perlu mengusir

semua ketidakpatuhan disebabkan oleh perbuatan-perbuatan iblis, menjaga perintah-perintah Tuhan dan melakukan perkara-perkara yang menyenangkan hati-Nya. Sehingga ia menjadi seorang yang semangat yang akan dapat menerima apa yang dia telah diminta.

Bagaimanakah Kita Dapat Mengikut Kerja Roh?

Yesus, anak Tuhan, datang ke bumi ini dan menjadi sebutir gandum bagi orang berdosa dan mati untuk mereka. Dia membuka jalan untuk keselamatan bagi orang yang menerima-Nya untuk menjadi anak Tuhan, dan telah meraih buah-buahan yang tidak terkira banyaknya. Dia hanya dicari pemikiran rohani serta taat kepada kehendak Tuhan; Dia menghidupkan orang yang mati menyembuhkan semua jenis penyakit dan berkembang ke dalam kerajaan Tuhan.

Apa yang anda lakukan untuk mengikut Yesus dan diredhai Tuhan?

Pertama sekali, anda perlu untuk hidup dalam bantuan Roh Kudus melalui doa.

Jika anda tidak berdoa, anda akan berada di bawah kerja-kerja syaitan dan hidup mengikut pemikiran duniawi. Walau bagaimanapun, apabila anda berdoa tanpa berhenti, anda boleh menerima kerja-kerja Roh Kudus dalam hidup anda, yakin dengan apa yang benar, menjadi pembangkang dosa, bebas daripada penghakiman, mengikut kehendak Roh Kudus dan menjadi orang benar di sisi Tuhan. Bahkan anak Tuhan, Yesus mencapai kerja Tuhan melalui doa. Kerana ia adalah kehendak Tuhan untuk doa tanpa henti, apabila anda tidak berhenti berdoa, anda boleh mengikuti pemikiran rohani dan diredhai Tuhan.

Kedua, anda perlu untuk mencapai kerja kerohanian walaupun anda tidak mahu. Iman tanpa perbuatan adalah hanya iman sebagai pengetahuan. Ia adalah iman yang mati. Apabila anda tahu apa yang anda perlu lakukan, tetapi tidak melakukannya, ia adalah dosa. Jadi, jika anda mahu mengikut kehendak Tuhan dan keredhaanNya, anda perlu menunjukkan perbuatan iman.

Ketiga, anda perlu untuk bertaubat dan menerima kuasa dari atas supaya anda boleh memiliki iman yang disertai dengan tindakan. Oleh kerana pemikiran duniawi bermusuhan kepada Tuhan, tidak disukai oleh-Nya dan membina dinding dosa di antara Tuhan dan anda, anda perlu bertaubat dan membuangnya. Taubat sentiasa diperlukan untuk kehidupan Kristian yang baik, tetapi untuk membuangnya anda perlu koyakkan hati anda dan bertaubat.

Jika kamu melakukan dosa-dosa yang anda tahu anda tidak patut lakukan, hati anda merasa tidak selesa. Apabila anda bertaubat dari dosa-dosa dengan doa sambil menangis, kebimbangan dan keresahan akan meninggalkan anda, anda menjadi segar, diperdamaikan dengan Tuhan, dipulihkan dalam keadaan aman, dan anda boleh menerima apa yang diinginkan dari hati anda. Jika anda terus berdoa untuk menghilangkan setiap bentuk kejahatan, anda akan bertaubat daripada dosa-dosa dan menyentuh hati anda. Sifat-sifat yang berdosa akan dibakar oleh api Roh Kudus, dan dinding dosa dimusnahkan. Kemudian, anda akan dapat hidup dengan kerja Roh dan diredhai Tuhan dengan sewajarnya.

Jika anda rasa terbeban di dalam hati anda selepas anda menerima Roh Kudus melalui iman dalam Yesus Kristus, ia adalah kerana anda kini mendapati diri anda tidak mengikuti Tuhan kerana pemikiran duniawi anda. Jadi, anda perlu untuk memusnahkan dinding dosa melalui doa yang bersungguh-sungguh, dan kemudian mengikut kehendak Roh Kudus serta melakukan kerja Roh mengikut pemikiran rohani. Akibatnya, keamanan dan kegembiraan akan datang pada hati anda, jawapan kepada doa anda akan diberikan kepada anda serta keinginan hati anda dipenuhi.

Seperti yang Yesus katakan dalam Markus 9:23, "'Jika Kau boleh?' Tidak ada yang mustahil bagi orang yang percaya," semoga kamu semua membuang pemikiran duniawi yang menentang Tuhan dan berjalan dengan iman setimpal dengan perbuatan Roh Kudus supaya anda diredhai Tuhan, mengerjakan amal-Nya yang tidak terbatas dan membesarkan kerajaan-Nya , dalam nama Tuhan kita Yesus Kristus aku berdoa!

Bab 3

Musnahkan
Semua Jenis Pemikiran dan Teori

2 Korintus 10:3-6

"Memang kami masih hidup di dunia, kami tidak melakukan perang menurut daging, kerana senjata peperangan kami bukanlah duniawi, tetapi oleh kuasa Tuhan yang memusnahkan benteng-benteng. Kita memusnahkan spekulasi dan setiap perkara yang tinggi dibangkitkan menentang pengetahuan Tuhan, dan kami mengambil segala fikiran dan menaklukkannya kepada ketaatan Kristus, dan kami sudah bersedia untuk menghukum semua maksiat, apabila ketaatan kamu telah selesai."

Sekali lagi, iman boleh dibahagikan kepada dua kategori: Iman rohani dan iman hidup duniawi. Iman duniawi juga boleh dipanggil iman kepada pengetahuan. Apabila anda mula-mula mendengar firman Tuhan, anda mempunyai iman sebagai pengetahuan. Itulah iman duniawi. Tetapi selepas anda yang anda faham dan amalkan firman, anda mula memiliki iman rohani.

Jika anda memahami makna rohani firman kebenaran Tuhan dan meletakkan asas iman dengan mengamalkannya, Tuhan akan bergembira dan memberikan anda kepercayaan rohani. Oleh itu, dengan iman rohani diberikan dari atas, anda menerima jawapan kepada doa dan penyelesaian anda untuk masalah anda. Anda juga akan berjumpa dengan Tuhan yang hidup.

Melalui pengalaman ini, keraguan meninggalkan anda, pemikiran manusia dan teori dimusnahkan, dan anda berdiri di atas gunung batu iman di mana anda tidak pernah terkejut dengan apa-apa jenis dugaan dan kesusahan yang menimpa. Apabila anda telah menjadi seorang yang benar dan seperti Kristus di hati, ia bermakna asas iman anda diletakkan secara kekal. Dengan asas iman anda boleh menerima apa-apa yang kamu minta dalam iman tersebut.

Sama seperti kata Tuhan kita Yesus dalam Matius 8:13, "Ia akan dilakukan untuk kau seperti yang engkau percaya," jika anda memiliki iman rohani yang lengkap, ia adalah iman yang mana anda boleh menerima apa-apa yang anda minta. Anda boleh menjalani kehidupan yang memuliakan Tuhan dalam segala yang kamu lakukan. Anda akan kekal di dalam cinta dan kubu Tuhan serta menjadi berkenan kepada Tuhan.

Sekarang mari kita selidiki beberapa perkara mengenai iman rohani. Apakah halangan-halangan untuk mendapat kepercayaan rohani? Bagaimana anda boleh memiliki iman rohani? Apakah jenis nikmat yang diterima oleh bapa-bapa iman rohani dalam Alkitab? Dan akhirnya kita akan melihat mengapa mereka yang menetapkan fikiran mereka kepada pemikiran duniawi telah tersesat.

Halangan untuk Mendapatkan Keimanan Kerohanian

Dengan iman rohani anda boleh mempunyai komunikasi dengan Tuhan. Anda boleh mendengar suara Roh Kudus yang jelas. Anda boleh menerima jawapan kepada doa dan petisyen anda. Anda boleh memuliakan Tuhan sama ada anda makan atau minum atau apa sahaja yang anda lakukan. Dan anda akan hidup dalam nikmat, pengiktirafan dan jaminan Tuhan dalam hidup anda.

Maka mengapa ada orang yang gagal untuk mempunyai keimanan rohani? Sekarang mari kita melihat jenis faktor menghalang kita daripada memiliki iman rohani.

1) Pemikiran Duniawi

Roma 8:6-7 berkata, "Untuk minda yang ditetapkan pada daging ialah kematian; tetapi fikiran yang ditetapkan pada Roh adalah hidup dan kedamaian, kerana fikiran yang ditetapkan pada daging bermusuhan terhadap Tuhan; untuk itu ia tidak tertakluk dirinya kepada undang-undang Tuhan, kerana ia tidak mampu untuk berbuat demikian."

Minda boleh dibahagikan kepada dua bahagian; satu yang duniawi dalam alam semula jadi dan satu lagi iaitu rohani. Fikiran duniawi merujuk kepada semua jenis pemikiran yang disimpan dalam daging, dan terdiri daripada semua jenis perkara yang tidak benar. Pemikiran duniawi tergolong dalam dosa kerana mereka tidak mengikut kehendak Tuhan. Mereka melahirkan kematian seperti yang dikatakan di dalam Roma 6:23, "Upah bagi dosa ialah maut." Sebaliknya, minda rohani merujuk kepada pemikiran yang benar dan adalah menurut kehendak Tuhan - kebenaran dan kebaikan. Pemikiran rohani melahirkan kehidupan dan membawa keamanan kepada kita.

Sebagai contoh, katakan anda bertemu dengan kesukaran atau perbicaraan yang tidak dapat diatasi dengan kekuatan dan keupayaan manusia. Pemikiran duniawi membawa kebimbangan dan kebimbangan kepada anda. Tetapi pemikiran rohani membawa anda untuk membuang kebimbangan, dan bersyukur serta bergembira melalui firman Tuhan yang berbunyi, "Bersukacitalah selalu; berdoa tanpa berhenti; mengucap syukurlah dalam segalanya; untuk ini adalah kehendak Tuhan untuk kamu di dalam Kristus Yesus "(1 Tesalonika 5:16-18).

Oleh itu, pemikiran rohani adalah betul-betul bertentangan dengan orang-orang duniawi, jadi dengan pemikiran duniawi anda tidak boleh menjadi tertakluk kepada undang-undang Tuhan. Itulah sebabnya pemikiran duniawi bermusuhan kepada Tuhan dan menghalang kita daripada memiliki iman rohani.

2) Perlakuan/Perbuatan daging telah

Perlakuan/perbuatan dari daging merujuk kepada dosa dan kejahatan dibongkarkan dalam tindakan, seperti diterangkan dalam Galatia 5:19-21 "Keinginan tabiat manusia nyata dalam perbuatan-perbuatan yang cabul, kotor, dan tidak patut; dalam penyembahan berhala dan ilmu guna-guna; dalam bermusuh-musuhan, berkelahi, cemburu, lekas marah, dan mementingkan diri sendiri; perpecahan dan berpihak-pihak, serta iri hati, mabuk-mabuk, berpesta-pesta dan lain sebagainya, terhadap semuanya itu saya peringatkan kalian sekarang sebagaimana saya peringatkan kalian dahulu juga, bahawa orang-orang yang melakukan hal-hal seperti itu tidak akan menjadi anggota umat Tuhan."

Jika anda tidak membuang perbuatan daging, anda tidak boleh memiliki keimanan rohani dan tidak mendapat bahagian dalam kerajaan Tuhan. Inilah sebab kerja dari daging mengelakkan anda dari memiliki keimanan rohani.

3) Semua Jenis Teori

Semakan Kamus Unabridged Webster merujuk "Teori" sebagai "doktrin, atau kesimpulan, yang tamat dalam spekulasi atau renungan, tanpa tujuan untuk pengamalan; hipotesis; spekulasi "atau" untuk menjelaskan prinsip-prinsip umum atau abstrak bagi mana-mana sains. " Idea bagi teori ini adalah sebahagian ilmu yang menyokong penciptaan sesuatu daripada sesuatu, tetapi masih gagal membantu kepada iman rohani kita miliki. Bahkan ia menyekat kita daripada memiliki iman rohani.

Mari kita berfikir tentang dua teori penciptaan dan teori evolusi Darwin. Kebanyakan orang belajar di sekolah bahawa manusia telah berkembang daripada beruk. Dalam tentangan secara terus, al Kitab memberitahu kita bahawa Tuhan menciptakan manusia. Jika anda percaya kepada Tuhan yang maha kuasa, anda perlu memilih dan mengikuti bahawa penciptaan adalah oleh Tuhan walaupun anda telah diajar mengenai teori evolusi di dalam sekolah.

Hanya apabila anda berpaling daripada teori evolusi yang telah diajar di sekolah itu kepada penciptaan oleh Tuhan, anda boleh mempunyai keimanan rohani. Jika tidak, semua teori menghalang anda dari memiliki iman rohani kerana ia adalah mustahil untuk anda mempercayai bahawa sesuatu yang dibuat daripada ketiadaan dengan teori evolusi. Sebagai contoh, walaupun dengan pembangunan sains, orang tidak boleh membuat benih kehidupan, sperma dan telur. Kemudian, bagaimana mereka boleh mempercayai sesuatu yang dibuat daripada ketiadaan melainkan jika ia terletak dalam aspek iman rohani?

Oleh itu, kita mesti menyangkal hujah-hujah dan teori, segala sesuatu yang bangga dan tinggi yang menetapkan sendiri menentang pengetahuan yang benar tentang Tuhan, dan menguasai segala fikiran ke dalam ketaatan kepada Kristus.

Saul Mengikut Pemikiran Duniawi dan Ingkar

Saul raja pertama kerajaan Israel, tetapi dia tidak hidup mengikut kehendak Tuhan. Dia naik takhta atas permintaan rakyat. Tuhan mengarahkan dia untuk menyerang Amalek dan menumpaskan segala harta miliknya serta dihukum mati kedua-dua lelaki dan wanita, kanak-kanak dan bayi, lembu mahu pun domba, unta dan keledai tanpa membiarkan ianya hidup. Raja Saul mengalahkan Amalek dan memenangi dengan gemilang. Namun dia tidak mematuhi perintah Tuhan kecuali daripada biri-biri dan lembu yang terbaik.

Saul bertindak mengikut pemikiran duniawi, dan menyelamatkan Agag, iaitu domba, lembu-lembu itu dan tambun, anak domba yang terbaik dan segala berharga dengan keinginan untuk mengorbankannya kepada Tuhan. Dia tidak sanggup membinasakan mereka semua. Tindakan ini adalah kemaksiatan dan keangkuhan di sisi Tuhan. Tuhan mencelanya sebab kezalimannya kepada nabi Samuel supaya dia dapat bertaubat dan berpatah balik. Namun, Raja Saul membuat alasan dan berkeras pada kebenarannya (1 Samuel 15:2-21).

Hari ini terdapat banyak orang beriman yang bertindak seperti Saul. Mereka tidak sedar ketidakpatuhan mereka, dan mereka tidak pula mereka mengakui apabila orang menegur untuk mereka. Sebaliknya mereka membuat alasan dan berkeras mengenai cara-cara mereka sendiri mengikut pemikiran duniawi mereka. Akhirnya mereka didapati menjadi orang-orang yang tidak patuh yang menurut daging seperti Saul. Oleh kerana kesemua 100 daripada 100 adalah orang berbeza dalam pendapat mereka, jika mereka bertindak mengikut pemikiran mereka sendiri, mereka tidak boleh bersatu. Jika mereka bertindak mengikut pemikiran mereka sendiri, mereka akan menjadi ingkar. Tetapi jika mereka bertindak menurut kebenaran Tuhan, mereka akan dapat untuk patuh dan bersatu.

Tuhan mengutuskan Nabi Samuel kepada Saul. Saul telah tidak mendengarkan perkataan-Nya, dan Rasul berkata kepada Saul: "Sebab ingkar adalah sama seperti dosa bertenung dan pembangkangan seperti menyembah berhala dan terafim. Oleh kerana engkau telah menolak firman TUHAN, maka Ia telah menolak engkau, sebagai raja "(1 Samuel 15:23).

Begitu juga, jika sesiapa sahaja bergantung kepada pemikiran manusia dan tidak mengikuti kehendak Tuhan, ia adalah maksiat kepada Tuhan, dan jika dia tidak sedar akan pelanggarannya dan tidak berpaling daripadanya, dia tidak mempunyai pilihan lain tetapi untuk ditinggalkan oleh Tuhan seperti Saul.

Dalam 1 Samuel 15:23, Samuel menegur Saul dengan pesan: "Apakah TUHAN itu lebih berkenan kepada korban bakaran dan korban sembelihan sama seperti mendengarkan suara TUHAN? Taat kepada TUHAN lebih baik daripada pengorbanan, dan untuk mendengar daripada lemak domba. " Tidak kira bagaimana fikiran anda, jika ianya melawan firman Tuhan, anda perlu untuk bertaubat atau berpalinglah daripadanya serta-merta. Di samping itu, anda menjadikan fikiran anda patuh kepada kehendak Tuhan.

Bapa Keimanan yang Mentaati Firman Tuhan

Daud adalah raja kedua Israel. Dia tidak mengikut fikirannya sendiri sejak zaman kanak-kanak, tetapi dia berjalan hanya dengan iman kepada Tuhan. Dia tidak takut kepada beruang dan singa apabila dia menggembala kambing domba, dan kadang-kadang ia berlawan menentang serta mengalahkan singa dan beruang dengan iman untuk melindungi kawanan domba itu. Kemudian dengan hanya iman, dia mengalahkan Goliat, juara orang Filistin.

Ada satu kejadian di mana Daud melanggar sekali firman Tuhan selepas dia menduduki takhta. Apabila dia telah ditegur oleh nabi, dia tidak memgucapkan kata maaf, tetapi segera bertaubat dan berpaling, akhirnya dia menjadi lebih suci. Oleh itu, terdapat perbezaan yang besar antara Saul, seorang lelaki pemikiran duniawi, dan Daud, seorang lelaki roh (1 Samuel 12:13).

Ketika dia menggembala kambing domba di padang pasir selama 40 tahun, Musa memusnahkan semua jenis pemikiran dan teori-teori serta menjadi merendah diri di hadapan Tuhan sehingga dia boleh dipanggil oleh Tuhan untuk membawa orang Israel keluar dari perhambaan Mesir.

Berfikir mengikut pemikiran manusia, Abram memanggil isterinya, "kakak." Selepas dia menjadi manusia yang bersemangat melalui ujian, bagaimanapun, dia boleh taat walaupun perintah Tuhan memberitahunya untuk mengorbankan Ishak, anaknya sebagai korban bakaran. Kalaulah dia bergantung walaupun sedikit kepada pemikiran duniawi, dia tidak pasti tidak dapat patuh mengikuti arahan tersebut. Ishak satu-satunya anak Abram yang dikurniakan pada tahun-tahun terakhir, dan juga menjadi keturunan janji Tuhan. Jadi, dengan pemikiran manusia, ia mungkin dianggap tidak wajar dan mustahil untuk memotongnya seperti haiwan dan menawarkan dia sebagai korban bakaran. Abram tidak pernah mengeluh tetapi sebaliknya percaya bahawa Tuhan akan dapat membangkitkan dia dari antara orang mati dan dia taat (Ibrani 11:19).

Naaman, panglima-panglima tentera raja Aram, sangat dihormati dan disukai oleh raja, tetapi didapati menghidap penyakit kusta, dan datang kepada Nabi Elisa untuk menerima penyembuhan penyakitnya. Walaupun dia membawa banyak hadiah untuk mengalami perbuatan-Nya, Elisa tidak membenarkan dia masuk, tetapi sebaliknya menghantar hambanya untuk memberitahu kepadanya: "Pergilah dan basuh dalam sungai Yordan tujuh kali, dan daging anda akan dikembalikan semula kepada anda dan anda akan menjadi bersih "(2 Raja-raja 05:10). Dengan pemikiran duniawi, Naaman menganggap ianya kasar dan menyakitkan hati kemudian dia menjadi marah.

Tetapi dia dirobohkan pemikiran duniawi, dan taat atas perintah nasihat yang diberikan oleh hamba-Nya. Dia membenamkan dirinya di Sungai Yordan tujuh kali, dan daging pun sembuh serta dia menjadi bersih.

Air melambangkan firman Tuhan, dan nombor '7' bermaksud kesempurnaan, jadi 'mencelup dirinya ke dalam Jordan River 7 kali bermaksud "untuk menjadi benar-benar dikuduskan oleh firman Tuhan." Apabila anda dikuduskan, anda boleh menerima penyelesaian untuk apa-apa jenis masalah. Oleh itu, apabila Naaman taat kepada firman Tuhan dinubuatkan oleh Nabi Elisa, kerja Tuhan yang menakjubkan berlaku kepadanya (2 Raja-raja 5:1-14).

Setelah Anda Menolak Fikiran Manusia dan Teori Barulah Anda Menjadi Taat

Yakub adalah licik dan segala jenis pemikiran, jadi dia cuba untuk melaksanakan kehendak-Nya dengan pelbagai perancangan. Akibatnya, dia mengalami banyak kesukaran selama 20 tahun. Akhirnya dia jatuh ke dalam kesusahan di Sungai Yabok. Dia tidak dapat kembali ke rumah bapa saudaranya kerana perjanjian yang dibuat dengan bapa saudaranya dan tidak pergi ke hadapan kerana abangnya, Esau, sedang menunggu di seberang sungai untuk membunuhnya. Dalam keadaan terdesak ini dia membenarkan diri sendiri dan semua fikiran duniawi dimusnahkan. Tuhan menggerakkan hati Esau dan mendamaikan dia dengan abangnya. Dengan cara ini Tuhan membuka jalan kehidupan agar Yakub akan dapat memenuhi rezeki Tuhan (Kejadian 33:1-4).

Tuhan berkata di dalam Roma 8:5-7, "Sebab mereka yang hidup menurut daging, memikirkan hal-hal yang dari daging; mereka yang hidup menurut Roh, memikirkan hal-hal yang dari Roh. Untuk minda yang ditetapkan pada daging ialah kematian; tetapi fikiran yang ditetapkan pada Roh adalah hidup dan kedamaian, kerana fikiran yang ditetapkan pada daging bermusuhan terhadap Tuhan; untuk itu ia tidak tertakluk dirinya kepada undang-undang Tuhan, kerana ia tidak mampu untuk berbuat demikian." Itulah sebabnya kita mempunyai perlu memusnahkan setiap pendapat, setiap teori, dan setiap pemikiran yang dibangkitkan yang bertentangan dengan pengetahuan Tuhan. Kita mesti membuat segala fikiran dan menaklukkannya kepada ketaatan Kristus supaya kita boleh diberikan kepercayaan rohani dan menunjukkan perbuatan ketaatan.

Yesus memberikan perintah baru dalam Matius 5:39-42 dengan berkata, "Tetapi Aku berkata kepadamu: Janganlah kamu melawan orang yang berbuat jahat; tetapi barang siapa yang menampar pipi kananmu, berilah juga kepadanya juga. Jika orang yang mendakwa kamu dan mengambil baju kamu, berikanlah kepadanya jubahmu. Sesiapa yang memaksa kamu untuk pergi sejauh satu batu, berjalanlah bersama dia sejauh dua. Berilah kepada orang yang meminta kepadamu dan janganlah kamu berpaling dari orang yang mahu meminjam daripadamu." Dengan pemikiran manusia anda tidak boleh taat kepada perintah ini kerana ia bertentang dengan firman kebenaran. Namun, jika anda memusnahkan pemikiran manusia dan duniawi, anda boleh taat dengan sukacita, dan Tuhan akan menjadikan segala-galanya untuk bekerja untuk kebaikan anda melalui ketaatan anda.

Tidak kira berapa kali anda menganut kepercayaan anda dengan bibir, melainkan anda meletakkan fikiran anda sendiri dan teori kepada ketiadaan, anda boleh tidak taat dan tidak mengalami perbuatan-perbuatan Tuhan atau dibimbing untuk kemakmuran dan kejayaan.

Anda juga perlu mengingati firman Tuhan yang ditulis dalam Yesaya 55:8-9 yang menyatakan, "'Sebab rancangan-Ku bukanlah rancanganmu, dan jalanmu bukanlah jalan-Ku, demikianlah firman TUHAN. 'Seperti tingginya langit dari bumi, demikianlah tingginya jalan-Ku dari jalanmu dan rancangan-Ku dari rancanganmu.'"

Anda mesti mengelak daripada memiliki pemikiran jasmani dan teori manusia, sebaliknya memiliki keimanan rohani seperti perwira yang dipuji oleh Yesus kerana bergantung sepenuhnya kepada Tuhan. Apabila perwira datang menemui Yesus dan meminta-Nya untuk menyembuhkan hambanya yang lumpuh seluruh badan disebabkan angin ahmar, dia mengakui dengan iman bahawa hamba ini akan disembuhkan berdasarkan kata-kata yang disebut oleh Yesus. Dia menerima jawapan, sebagaimana yang dipercayainya. Dengan cara yang sama, jika anda memiliki keimanan rohani, anda akan menerima jawapan bagi semua doa dan permintaan anda serta mengagungkan Tuhan dengan sepenuhnya.

Firman benar Tuhan mengubah jiwa manusia dan membolehkan kita memiliki keimanan yang disertakan amalan. Anda dapat menerima jawapan Tuhan dengan keimanan rohani yang hidup ini. Semoga setiap seorang daripada anda berjaya memusnahkan semua pemikiran rohani dan teori manusia, serta memiliki keimanan rohani supaya anda dapat menerima semua yang anda minta dengan penuh keimanan dan dapat mengagungkan Tuhan.

Bab 4

Tanam Benih Keimanan

Galatia 6:6-10

"Orang yang menerima pengajaran Kristus, hendaknya berkongsi dengan gurunya semua yang baik yang ada padanya. Jangan sesat! Tuhan tidak membiarkan diriNya dipermainkan. Kerana apa yang ditabur orang, itu juga yang akan dituainya. Sebab barang siapa menabur dalam dagingnya, ia akan menuai kebinasaan dari dagingnya, tetapi barang siapa menabur dalam Roh, ia akan menuai hidup yang kekal dari Roh itu. Sebab itu, janganlah kita menjadi bosan melakukan hal-hal yang baik; sebab kalau kita tidak berhenti melakukan hal-hal itu sekali kelak kita akan menuai hasilnya. Jadi, selama ada kesempatan bagi kita, hendaklah kita berbuat baik kepada semua orang, terutama sekali kepada saudara-saudara kita yang seiman."

Yesus menyatakan dalam Markus 9:23, "'Jika Kau boleh?' Tidak ada yang mustahil bagi orang yang percaya." Apabila seorang perwira datang kepada-Nya dan menunjukkan keimanan yang teguh, Yesus berkata kepadanya, "Pulanglah, apa yang engkau percayai itu akan terjadi" (Matius 8:13), dan hamba perwira itu sembuh serta-merta.

Inilah keimanan rohani yang membuatkan kita percaya dengan perkara yang tidak dapat dilihat. Ia juga keimanan yang disertai amalan, yang membolehkan kita menyerlahkan keimanan dan amalan kita. Ia merupakan keimanan yang mempercayai bahawa sesuatu dapat dicipta daripada sesuatu yang tidak sedia wujud. Itu sebabnya keimanan didefinisikan seperti berikut dalam Ibrani 11:1-3: "Iman adalah keyakinan bersungguh-sungguh terhadap apa yang diharapkan, kepastian perkara-perkara yang tidak dapat dilihat. Kerana beriman, maka orang-orang zaman lampau disenangi oleh Tuhan. Dengan iman, kita memahami bahawa seluruh alam telah diciptakan oleh Firman Tuhan, jadi apa yang kelihatan tidak diciptakan daripada sesuatu yang dapat dilihat."

Jika anda memiliki keimanan rohani, Tuhan akan bergembira dengan keimanan anda dan membolehkan anda menerima apa sahaja yang anda minta. Jadi apa yang kita perlu lakukan untuk memiliki keimanan rohani?

Seperti petani yang menanam benih pada musim bunga dan menuai pada musim luruh, kita mesti menanam benih keimanan untuk memiliki hasil keimanan rohani.

Mari kita lihat cara untuk menanam benih keimanan melalui

kisah teladan menanam benih dan menuai hasilnya daripada ladang. Yesus bercakap dengan orang ramai semasa menceritakan kisah teladan, dan Dia tidak bercakap dengan mereka menggunakan kiasan (Matius 13:34). Ini kerana Tuhan ialah roh dan kita yang hidup dalam dunia fizikal sebagai manusia, tidak akan dapat memahami alam rohani Tuhan. Hanya apabila kita diajar tentang alam rohani dengan kisah teladan daripada dunia fizikal, akan kita dapat memahami kehendak Tuhan yang sebenar. Itu sebabnya saya akan menerangkan kepada anda cara menanam benih keimanan dan cara memiliki keimanan rohani dengan kisah kiasan ladang pertanian.

Untuk Menanam Benih Keimanan

1) Pertama sekali, anda mesti membersihkan tanah ladang.

Seorang petani mesti mempunyai ladang untuk menanam benih. Untuk memastikan ladang ini sesuai, petani mesti menabur baja yang sesuai, membajak tanah, membuang batu dan menggembur tanah, dalam proses penanaman termasuklah membajak, menyikat tanah dan bercucuk tanam. Hanya selepas itu dapat benih yang ditanam di ladang tumbuh dengan baik dan membuahkan hasil yang banyak.

Dalam Alkitab, Yesus memberitahu kita tentang empat jenis ladang. Ladang ini merujuk kepada jenis hati manusia. Kategori pertama ialah ladang di hujung jalan yang mana benih yang ditanam tidak akan bercambah disebabkan tanahnya terlalu mampat; yang kedua ialah ladang berbatu yang mana benih yang ditanam sukar bercambah atau sukar tumbuh disebabkan batu di dalam tanah; yang ketiga ialah ladang berduri yang mana benih akan bercambah tetapi tidak akan tumbuh dengan baik serta mengeluarkan hasil kerana duri akan menghalangnya; akhir sekali, yang keempat ialah ladang yang bagus di mana benih akan bercambah, tumbuh dengan baik, menghasilkan bunga dan buah yang banyak.

Dengan cara yang sama, ladang hati manusia dikategorikan kepada empat jenis; yang pertama ialah ladang hati yang berada di hujung jalan yang mana mereka tidak memahami firman Tuhan; yang kedua ialah ladang hati yang dipenuhi batu yang mana mereka menerima firman Tuhan tetapi menjauhinya apabila berhadapan dengan ujian dan cabaran; yang ketiga ialah ladang hati yang dipenuhi duri yang mana kerisauan tentang dunia dan putar-belit harta benda menyekat firman Tuhan serta menghalangnya daripada membuahkan hasil; dan akhir sekali, yang keempat ialah ladang hati yang bagus yang mana mereka memahami firman Tuhan dan membuahkan hasil yang banyak. Namun, tidak kira apa jenis ladang hati yang anda miliki, jika anda mengerjakan dan membersihkan ladang hati seperti petani yang bekerja keras di ladangnya, ladang hati anda boleh bertukar menjadi ladang yang baik. Jika ia mampat, anda mesti membajak tanah dan menjadikannya lembut; jika ia berbatu, anda mesti membuang semua batu; jika ia berduri, anda mesti membuang semua duri dan jadikannya tanah yang baik dengan membubuh 'baja.'

Jika petani malas, dia tidak akan dapat membersihkan ladang dan menjadikannya tanah yang subur, sementara petani yang rajin akan melakukan yang terbaik serta membersihkan ladang untuk menjadikannya tanah yang subur. Kemudian, apabila tanah sudah menjadi subur, ia akan menghasilkan buah yang berkualiti tinggi.

Jika anda mempunyai keimanan, anda akan cuba sedaya upaya untuk mengubah hati anda menjadi hati yang baik, dengan sepenuh daya dan usaha. Kemudian, untuk membolehkan anda memahami firman Tuhan, menjadikan hati anda hati yang baik dan membuahkan hasil yang banyak, anda perlu berusaha untuk menyingkirkan dosa sehingga menitiskan darah. Jadi, dengan berusaha menyingkirkan dosa dan kejahatan menurut firman Tuhan sepertimana Tuhan memerintahkan kita untuk menyingkirkan semua bentuk kejahatan, anda dapat mengalihkan semua batu daripada ladang hati anda, mencabut rumput dan menukarkannya kepada hati yang baik.

Seorang petani akan bekerja keras kerana dia percaya bahawa dia akan menuai hasil yang banyak jika dia menggembur, membajak dan menyediakan tanah serta menukarkan ladang kepada tanah yang subur. Dengan cara yang sama, saya berdoa agar anda percaya bahawa jika anda mengerjakan dan mengubah ladang hati anda menjadi lebih baik, anda akan hidup dalam kasih sayang Tuhan, dibimbing menuju kejayaan dan kemakmuran serta akan mendapat kedudukan yang baik di syurga, serta berusaha menyingkirkan dosa sehingga menitiskan darah. Kemudian, dalam hati anda akan ditanam benih keimanan rohani dan anda akan menuai hasil sebanyak yang mungkin.

2) Kedua, benih adalah perlu.

Selepas membersihkan ladang, anda perlu menanam benih dan membantu benih untuk bercambah. Petani menanam pelbagai jenis benih dan menuai banyak jenis hasil seperti kubis, selada, labu, kacang hijau, kacang merah dan sebagainya.

Dengan cara yang sama, kita perlu menyemai pelbagai jenis benih dalam ladang hati kita. Firman Tuhan mengajarkan kita untuk sentiasa bersyukur, sentiasa berdoa, memanjatkan kesyukuran atas segala-galanya, memberikan zakat, menjaga kesucian hari Tuhan, dan berkasih-sayang. Apabila firman Tuhan ini ditanamkan dalam hati anda, ia akan bercambah, mengeluarkan putik dan membesar dan menghasilkan buah kerohanian. Anda akan dapat hidup dalam firman Tuhan dan memiliki keimanan rohani.

3) Air dan cahaya matahari adalah perlu.

Untuk petani menuai hasil yang baik, tidak cukup baginya hanya dengan membersihkan ladang dan menyediakan benih. Air dan cahaya matahari juga diperlukan. Hanya dengan cara ini dapat benih bercambah dan tumbuh dengan baik.

Apakah yang diwakili oleh air?
Yesus berfirman dalam Yohanes 4:14, "Tetapi barang siapa minum air yang akan Kuberikan kepadanya, ia tidak akan haus untuk selama-lamanya. Sebaliknya air yang akan Kuberikan kepadanya, akan menjadi mata air di dalam dirinya, yang terus-menerus memancar sampai kepada hidup yang kekal."

Air secara rohani merujuk kepada "air yang membawa ke kehidupan abadi," dan air abadi merujuk kepada firman Tuhan seperti yang dicatatkan dalam Yohanes 6:63, "Kata-kata yang Kukatakan kepadamu ini adalah kata-kata Roh Tuhan dan kata-kata yang memberi hidup." Itu sebabnya Yesus menyatakan dalam Yohanes 6:53-55, "Percayalah: Kalau kalian tidak makan daging Anak Manusia dan minum darah-Nya, kalian tidak akan benar-benar hidup. Orang yang makan daging-Ku dan minum darah-Ku mempunyai hidup sejati dan kekal dan Aku akan membangkitkannya pada Hari Kiamat. Sebab daging-Ku sungguh makanan, dan darah-Ku sungguh minuman." Oleh itu, hanya apabila anda benar-benar membaca, mendengar dan berfikir tentang firman Tuhan serta berdoa dengan khusyuk, dapat anda menuju ke jalan kehidupan abadi dan memiliki keimanan rohani.

Seterusnya, apa yang dimaksudkan dengan cahaya matahari?
Cahaya matahari membantu benih bercambah dengan betul dan tumbuh dengan baik. Dengan cara yang sama, jika firman Tuhan memasuki hati anda, firman ini akan menjadi cahaya yang menyingkirkan kegelapan dalam hati. Ia menyucikan hari anda dan mengubah ladang hati menjadi ladang yang baik. Jadi, anda dapat memiliki keimanan rohani, sejauh mana cahaya kebenaran memenuhi hati anda.

Melalui kisah kiasan menanam, kita telah pelajari bahawa kita mesti membersihkan ladang hati, menyediakan benih yang bagus dan menyediakan air serta cahaya matahari apabila benih keimanan ditanam. Sekarang, mati kita lihat cara untuk menanam dan mengembangkan benih keimanan.

Cara Menanam dan Mengembangkan Benih Keimanan

1) Pertama sekali, anda perlu menanam benih keimanan berdasarkan cara Tuhan.

Petani menanam benih dengan cara berbeza, bergantung kepada jenis benih ini. Dia menanam sesetengah benih jauh ke dalam tanah, manakala benih lain ditanam cetek. Dengan cara yang sama, anda mesti mempelbagaikan cara menanam benih keimanan dengan firman Tuhan. Contohnya, apabila anda menanam benih doa, anda mesti berdoa dengan hati yang ikhlas dan selalu berlutut, seperti yang diterangkan menurut firman Tuhan. Hanya dengan cara ini dapat anda menerima jawapan daripada Tuhan setiap masa (Lukas 22:39-46).

2) Kedua, anda mesti menanam dengan penuh keimanan.

Seperti petani yang rajin dan tekun semasa menanam benih, kerana dia percaya dan berharap dia akan dapat menuai hasilnya, anda mesti menanam benih keimanan - firman Tuhan - dengan kegembiraan dan harapan bahawa Tuhan akan membolehkan anda menuai hasil yang banyak. Jadi, dalam 2 Korintus 9:6-7, Dia menggalakkan kita dengan menyatakan, "Ingatlah! Orang yang menabur benih sedikit-sedikit akan memungut hasil yang sedikit juga. Tetapi orang yang menabur benih banyak-banyak akan memungut hasil yang banyak juga. Setiap orang harus memberi menurut kerelaan hatinya. Janganlah dia memberi dengan segan-segan atau kerana terpaksa, sebab Tuhan mengasihi orang yang memberi dengan senang hati."

Adalah hukum alam ini dan alam rohani bahawa apa sahaja yang kita tanam, akan dapat kita tuai. Jadi, sebanyak mana keimanan anda berkembang, ladang hati anda akan menjadi lebih baik. Lebih banyak anda menanam, lebih banyak anda akan menuai. Oleh itu, apa jua jenis benih yang anda tanam mesti ditanam dengan keimanan, kesyukuran dan kegembiraan supaya anda dapat menuai banyak hasil.

3) **Ketiga**, **anda mesti menjaga benih yang telah bercambah**.

Selepas petani menyediakan ladang dan menanam benih, dia mesti menyiram tanaman, menghalang kerosakan daripada cacing dan serangga dengan menyembur racun perosak, terus membajai ladang dan membuang rumput. Jika tidak, benih akan mati dan tidak akan membesar. Apabila firman Tuhan telah ditanam, ia juga perlu dijaga untuk menghalang musuh iaitu syaitan daripada mendekatinya. Kita mesti menjaga dengan berdoa penuh tekun, selain menjaganya dengan kegembiraan, kesyukuran, menghadiri khutbah di gereja, bergaul dengan rakan penganut, membaca dan mendengar firman Tuhan serta berkhidmat. Kemudian, benih yang ditanam akan bercambah, berbunga dan membuahkan hasil.

Proses Yang Mana Pokok Berbunga dan Buah Dihasilkan

Melainkan petani menjaga benih selepas menanamnya, cacing

akan memakan benih, rumput akan tumbuh dan menghalang benih daripada membesar dan mengeluarkan hasil. Petani tidak sepatutnya berserah tetapi mestilah menjaga tumbuhan dengan sabar sehingga dia dapat menuai hasil yang baik dan banyak. Apabila tiba masanya, benih akan tumbuh, berbunga dan akhirnya membuahkan hasil melalui lebah dan rama-rama. Apabila buah masak, petani akhirnya akan dapat menuai hasil dengan gembira. Betapa gembiranya si petani apabila semua hasil kerja keras dan kesabarannya bertukar menjadi buah dan hasil yang baik dan bernilai, dengan hasil tuaian 100 kali, 60 kali atau 30 kali lebih daripada yang ditanamnya!

1) Pertama, bunga kerohanian berkembang.

Apa maksudnya 'Benih keimanan membesar dan menghasilkan bunga kerohanian'? Jika bunga berkembang, ia menghasilkan haruman dan menarik kedatangan lebah dan rama-rama. Dengan cara yang sama, apabila kita telah menanam benih firman Tuhan dalam ladang hati kita dan ia dijaga dengan baik, sejauh mana kita hidup berdasarkan firman Tuhan, kita akan menghasilkan bunga kerohanian dan menyebarkan haruman Kristus. Selain itu, kita dapat memainkan peranan sebagai cahaya dan garam di dunia supaya lebih ramai orang akan melihat amalan kita dan mengagungkan Tuhan (Matius 5:16).

Jika anda menyebarkan haruman Kristus, musuh kita syaitan akan dihalau dan anda akan dapat mengagungkan Tuhan di rumah, perniagaan dan tempat kerja. Tidak kira sama ada anda sedang makan, minum atau apa sahaja, anda dapat mengagungkan Tuhan. Sebagai hasilnya, anda akan membuahkan hasil penyebaran ajaran, mencapai kerajaan benar

Tuhan dan bertukar menjadi manusia rohani dengan cara membersihkan ladang hati anda dan menjadikannya ladang hati yang baik.

2) Seterusnya, buah akan terhasil dan masak ranum.

Selepas bunga berkembang, buah mula dihasilkan dan apabila buah masak, petani akan menuainya. Jika kita aplikasikan hal ini kepada keimanan kita, apakah jenis buah yang akan kita hasilkan? Kita dapat menghasilkan pelbagai jenis buah Roh Kudus termasuklah 9 buah Roh Kudus seperti yang dicatatkan dalam Galatia 5:22-23, buah Kerahmatan dalam Matius 5 dan buah kasih sayang rohani seperti yang dinyatakan dalam 1 Korintus 13.

Melalui pembacaan Alkitab dan mendengar firman Tuhan, kita dapat memastikan sama ada kita telah menghasilkan bunga dan buah, dan berapa ranum buah yang dihasilkan. Apabila buah masak ranum, kita boleh memetiknya pada bila-bila masa dan memakannya sesuka hati. Mazmur 37:4 menyatakan, "Bergembiralah kerana TUHAN; maka Dia akan memberikan kepadamu apa yang diinginkan hatimu." Ia sama seperti menyimpan berbilion dolar dalam akaun bank dan boleh membelanjakan wang itu sesuka hati kita.

3) Akhir sekali, anda akan menuai apa yang ditanam.

Semasa musim menuai, petani akan menuai apa yang telah ditanamnya dan hal ini diulang setiap tahun. Jumlah hasil tuaian berbeza menurut berapa banyak benih yang ditanamnya dan adakah dia benar-benar menjaga benih ini.

Jika anda telah menanam doa, roh anda akan makmur, dan jika anda menanam kesetiaan dan khidmat, anda akan menikmati roh dan jasmani yang sihat. Jika anda dengan rajin menanam kewangan, anda akan mendapat rahmat kewangan dan membantu orang miskin sebanyak yang mungkin. Tuhan berjanji kepada kita dalam Galatia 6:7, "Jangan sesat! Tuhan tidak membiarkan diriNya dipermainkan. Kerana apa yang ditabur orang, itu juga yang akan dituainya."

Banyak bahagian dalam Alkitab mengesahkan janji ini bahawa Tuhan menyatakan yang manusia yang menanam akan dapat menuai. Dalam bab 17 1 Raja-raja, ada kisah seorang balu yang tinggal di Sarfat. Disebabkan hujan sudah lama tidak turun dan sungai kering, dia dan anaknya hampir mati kelaparan. Namun, dia mencampurkan segenggam tepung dengan sedikit minyak di dalam mangkuk untuk Elia, seorang suruhan Tuhan. Pada masa itu, makanan lebih bernilai daripada emas, dan mustahil baginya untuk memberi makan kepada Elia jika dia tidak mempunyai keimanan. Dia percaya dan bergantung kepada firman Tuhan yang telah diramalkan melalui Elia, dan menanamnya dengan kepercayaan. Tuhan memberikannya rahmat yang melimpah-ruah sebagai balasan kepada keimanannya, dan balu ini serta anak lelakinya dan Elia dapat makan sehinggalah musim kemarau yang panjang berakhir (1 Raja-raja 17:8-16).

Markus 12:41-44 menceritakan kisah seorang balu miskin yang mendermakan dua syiling tembaga, yang bernilai satu sen. Dia menerima rahmat yang berlipat ganda apabila Yesus memuji tindakannya!

Tuhan telah menetapkan hukum alam rohani dan memberitahu kita yang kita akan menuai apa yang ditanam. Namun, saya ingin mengingatkan anda bahawa anda mempermainkan Tuhan apabila mahu menuai tetapi tidak menanam. Anda mesti percaya bahawa Tuhan akan membenarkan anda menuai 100 kali, 60 kali atau 30 kali ganda daripada apa yang anda tanam.

Melalui kisah kiasan petani, kita telah melihat cara menanam benih keimanan dan cara menjaganya untuk memiliki keimanan rohani. Sekarang saya ingin anda dapatkan semula ladang hati anda dan jadikannya ladang hati yang bagus. Tanam benih keimanan dan jagalah ia. Oleh itu, anda mesti menanam sebanyak mana benih yang mungkin dan jagalah dengan keimanan, harapan dan kesabaran untuk menerima rahmat 100, 60 atau 30 kali ganda. Apabila tiba masanya, anda akan mendapat hasil dan memberi keagungan kepada Tuhan.

Semoga setiap seorang daripada anda mempercayai setiap perkataan dalam Alkitab dan menanam benih keimanan menurut ajaran firman Tuhan, supaya anda dapat menuai hasil yang banyak, mengagungkan Tuhan dan menikmati pelbagai jenis rahmat!

Bab 5

'Jika Anda boleh?'
Tiada Perkara Yang Mustahil!

Markus 9:21-27

Lalu [Yesus] bertanya kepada bapaknya, "Sudah berapa lama ia begini?" "Sejak ia masih kecil," jawab bapaknya. Sudah sering roh jahat itu berusaha membunuh dia dengan menjatuhkannya ke dalam api atau ke dalam air. Tetapi kalau Bapak dapat menolong, sudilah Bapak mengasihani kami dan menolong kami!" Yesus berkata kepadanya, "'Jika Kau boleh?' Tidak ada yang mustahil bagi orang yang percaya." Segera ayah anak itu berteriak: "Aku percaya. Tolonglah aku yang tidak percaya ini." Ketika Yesus melihat orang banyak makin datang berkerumun, Ia menegur roh jahat itu dengan keras, kata-Nya, "Hai kau roh yang menyebabkan orang menjadi bisu dan tuli, Aku memerintahkan engkau, keluarlah dari pada anak ini dan jangan memasukinya lagi." Lalu keluarlah roh itu sambil berteriak dan menggoncang-goncang anak itu dengan hebatnya. Anak itu kelihatannya seperti orang mati, sehingga banyak orang yang berkata: "Dia sudah mati!" Tetapi Yesus memegang tangan anak itu dan membangunkannya, lalu ia bangkit sendiri.

Manusia menyimpan pengalaman hidup mereka melalui tanggapan semua yang mereka lalui termasuk kegembiraan, kesedihan dan kesakitan. Ramai daripada mereka kadangkala bertemu antara satu sama lain dan menderita masalah yang berat yang tidak boleh mereka selesaikan dengan air mata, ketahanan atau bantuan daripada orang lain.

Semua itu adalah masalah penyakit yang tidak boleh disembuhkan dengan perubatan moden; masalah mental daripada tekanan kehidupan yang tidak boleh diselesaikan dengan sebarang falsafah atau psikologi; masalah di rumah dan anak-anak yang tidak boleh diselesaikan dengan kekayaan yang melimpah ruah; masalah dalam perniagaan dan kewangan yang tidak boleh dipenuhi dengan sebarang cara atau usaha. Banyak lagilah. Siapa yang boleh selesaikan semua masalah ini?

Dalam Markus 9:21-27, kita lihat perbualan antara Yesus dan bapa anak yang dirasuk oleh roh jahat. Kanak-kanak itu menderita teruk kerana dia pekak dan bisu serta diserang sawan babi. Dia sentiasa menyeret tubuhnya masuk ke dalam air dan ke dalam api disebabkan kerasukan syaitan ini. Bila masa syaitan mengawal tubuhnya, dia menghentam dirinya ke tanah dan berbuih di mulut serta mengetap giginya dan mengeras.

Mari lihat cara bapa tersebut menerima penyelesaian pada masalah ini daripada Yesus.

Yesus Menegur Bapa tersebut kerana Tidak Beriman

Kanak-kanak tersebut buta dan pekak sejak lahir dan dia tidak boleh mendengar apa-apa serta dia mengalami masalah yang besar dalam membuatkan orang lain memahaminya. Dia sentiasa diseksa dengan sawan babi dan menunjukkan gejala tersebut dalam kekejangan. Kerana itulah bapanya terpaksa hidup dalam kesakitan dan kegusaran serta tiada harapan dalam kehidupan.

Apabila bapanya terdengar tentang berita Yesus yang menghidupkan kembali orang yang sudah mati, menyembuhkan orang sakit daripada segala jenis penyakit, membuka mata orang yang buta dan melakukan pelbagai keajaiban. Berita tersebut menanam harapan dalam hati bapa tersebut. Dia berfikir, "Jika dia mempunyai kuasa yang sama seperti yang dikhabarkan, dia mungkin boleh menyembuhkan anakku daripada segala penyakitnya." Dia mengesyaki bahawa penyembuhan anaknya mungkin boleh berlaku. Hanya dengan jangkaan ini, dia membawa anaknya ke hadapan Yesus dan merayu pada-Nya dengan berkata, "Jika Kau boleh lakukan apa-apa pun, kasihanilah kami dan bantulah kami!"

Apabila Yesus mendengar rintihannya, Dia membalas kepadanya kerana tidak beriman dengan berkata kepadanya, "Jika Kau boleh?" Tidak ada yang mustahil bagi orang yang percaya." Hal ini adalah kerana bapa tersebut terdengar tentang Yesus tetapi tidak mempercayai-Nya dalam hatinya.

Jika bapa tersebut percaya bahawa Yesus Anak Tuhan dan

Maha Kuasa yang mana tiada yang mustahil dan Kebenaran Itu Sendiri, dia tidak akan berkata kepada-Nya, "Jika Kau boleh melakukan apa-apa pun, kasihanilah kami dan bantu kami!"

Mustahil untuk menyenangi Tuhan tanpa iman dan tanpa iman rohani, tidak mungkin doa akan dimakbulkan. Untuk Yesus menyedarkan bapa tersebut akan hakikat ini, Dia berkata kepada bapa itu, "Jika kau boleh?" dan membalas kepadanya bahawa dia tidak percaya sepenuhnya.

Cara untuk Memiliki Iman yang Mutlak

Apabila anda mempercayai sesuatu yang tidak boleh dilihat, iman anda boleh diterima oleh Tuhan dan iman yang digelar 'iman rohani', 'iman sejati', 'iman hidup' atau 'iman ditemani dengan amalan.' Dengan iman ini, anda boleh mempercayai sesuatu yang diperbuat daripada ketiadaan. Iman adalah keyakinan bersungguh-sungguh terhadap apa yang diharapkan, kepastian perkara-perkara yang tidak dapat dilihat (Ibrani 11:1-3).

Anda perlu percaya dalam hati akan cara salib, kebangkitan semula, kembalinya Tuhan, penciptaan Tuhan dan keajaiban. Hanya selepas itu anda dianggap memiliki iman yang lengkap. Apabila anda mengaku iman dengan mulut anda, itulah iman sejati.

Terdapat tiga syarat untuk benar-benar memiliki iman yang lengkap.

Pertama sekali, halangan dosa menentang Tuhan mesti dimusnahkan. Jika anda tahu anda mempunyai halangan dosa, anda perlu memusnahkannya dengan bertaubat. Selain itu. anda perlu bergelut menentang dosa hinggakan menitiskan darah dan mengelakkan setiap bentuk kejahatan untuk langsung tidak berbuat dosa. Jika anda membenci dosa sehingga rasa terbeban hanya dengan memikirkan tentang dosa dan menjadi takut dan bimbang akan dosa yang boleh dilihat, bagaimana boleh anda melakukan dosa? Anda boleh berkomunikasi dengan Tuhan dan memiliki iman yang lengkap dan tidak menjalani kehidupan dosa.

Kedua, anda perlu mentaati kehendak Tuhan. Untuk mentaati kehendak Tuhan, anda perlu memahami dengan jelas akan ketentuan Tuhan. Kemudian, jika ia bukan kehendak Tuhan, anda tidak sepatutnya melakukannya tanpa mengira apa yang anda inginkan secara peribadi. Dalam masa yang sama, jika ia memang kehendak Tuhan, maka anda perlu lakukannya tanpa mengira apa yang anda tidak mahu lakukan. Apabila anda mengikut ketentuan-Nya dengan sepenuh hati anda, kejujuran, kekuatan dan hikmah anda, Dia akan menganugerahkan anda iman yang lengkap.

Ketiga, anda perlu menyenangi Tuhan dengan cinta kepada-Nya. Jika anda melakukan segala perkara bagi kemuliaan Tuhan dan jika anda menyenangi Tuhan dengan mengorbankan diri anda sendiri sama ada anda makan atau minum atau lakukan apa-apa sahaja, anda tidak akan gagal untuk memiliki iman yang lengkap. Iman yang memungkinkan perkara yang mustahil.

Dengan iman yang lengkap, anda bukan sahaja percaya apa yang dilihat dan boleh dicapai dengan kekuatan anda sendiri, tetapi anda akan percaya dengan hal-hal ghaib dan mustahil dengan kebolehan manusia. Oleh itu, apabila anda mengaku dengan iman yang lengkap, semua perkara mustahil boleh berlaku.

Sama seperti firman Tuhan yang berkata, "Jika Kau boleh?' Semua perkara mungkin bagi orang yang percaya" akan datang kepada anda dan anda boleh memuliakan-Nya dalam apa jua yang anda lakukan.

Tiada yang Mustahil bagi Orang Yang Beriman

Apabila iman yang lengkap diberi kepada anda, tiada apa yang mustahil bagi anda dan anda boleh menerima penyelesaian bagi sebarang jenis masalah. Dalam bahagian apa yang boleh anda rasai kuasa Tuhan yang menjadikan perkara mustahil mungkin? Mari lihat dari segi tiga jenis aspek.

Bahagian pertama daripada ketiga-tiga bahagian adalah masalah penyakit.

Bayangkan anda sakit kerana jangkitan bakteria atau virus. Jika anda tunjukkan iman anda dan dipenuhi dengan Roh Kudus, api Roh Kudus akan membakar penyakit tersebut dan anda akan disembuhkan. Lebih terperinci lagi, jika anda bertaubat daripada dosa anda dan berpaling daripadanya, anda boleh disembuhkan melalui doa. Jika anda orang yang baru beriman, anda perlu membuka hati dan mendengar firman

Tuhan sehingga anda dapat menunjukkan keimanan anda.

Seterusnya, jika anda terkena penyakit yang dahsyat dan tidak boleh disembuhkan dengan rawatan perubatan, anda perlu menunjukkan bukti keimanan yang kental. Hanya apabila anda bertaubat daripada dosa anda sepenuhnya dengan menawarkan hati anda dan berpegang pada Tuhan melalui doa diiringi air mata, barulah anda boleh disembuhkan. Tetapi orang yang mempunyai iman yang lemah atau orang yang baru datang ke gereja tidak boleh disembuhkan sehingga iman rohani diberi kepada mereka dan selagi iman itu dianugerahkan kepada mereka, kerja penyembuhan berlaku sedikit demi sedikit pada mereka.

Akhir sekali, kecacatan fizikal, keabnormalan, kekurangan, pekak, keadaan kurang upaya dari segi mental dan fizikal, serta penyakit keturunan tidak boleh dipulihkan tanpa kuasa Tuhan. Orang yang menderita penyakit sebegitu perlu menunjukkan keikhlasan mereka di hadapan Tuhan dan menunjukkan bukti iman untuk menyayangi dan menyenangi Dia agar mereka boleh diakui oleh Tuhan dan kerja penyembuhan boleh berlaku pada mereka melalui kuasa Tuhan.

Kerja penyembuhan boleh berlaku kepada mereka hanya apabila mereka menunjukkan amalan beriman sama seperti bagaimana peminta sedekah buta yang bernama Bartimeus meminta tolong pada Yesus (Markus 10:46-52), perwira mendedahkan keimanannya yang kental (Matius 8:6-13) dan seorang yang lumpuh dan empat sahabatnya menunjukkan bukti keimanan mereka di hadapan Yesus (Markus 2:3-12).

Bahagian kedua adalah masalah kewangan.

Jika anda cuba menyelesaikan masalah kewangan dengan pengetahuan, cara dan pengalaman anda tanpa bantuan Tuhan, masalah hanya boleh diselesaikan mengikut keupayaan dan usaha anda. Walau bagaimanapun, jika anda membuang dosa anda, menurut kehendak Tuhan dan serahkan masalah anda kepada Tuhan dengan mempercayai bahawa Tuhan akan membimbing anda ke jalan-Nya, maka roh anda akan makmur, segala-galanya berjalan dengan baik bagi anda dan anda menikmati kesihatan yang bagus. Tambahan lagi, anda menerima rahmat Tuhan kerana anda berjalan dalam Roh Kudus.

Yakub mengikut cara dan hikmah manusia dalam kehidupannya sehingga dia bertarung dengan malaikat Tuhan di Sungai Yabok. Malaikat tersebut menyentuh sendi pehanya dan sendi pahanya terkehel. Dalam pertarungan dengan malaikat Tuhan ini, dia menyerah dirinya pada Tuhan dan menyerahkan segala-galanya kepada Dia. Daripada waktu tersebut dan seterusnya, dia menerima rahmat Tuhan bersama dengannya. Dengan cara yang sama, jika anda menyayangi Tuhan, menyenangi-Nya dan menyerahkan segala-galanya kepada Tuhan, segala-galanya akan berjalan dengan baik bagi anda.

Bahagian ketiga berkenaan cara untuk menerima kekuatan rohani.

Kita ketahui dalam 1 Korintus 4:20 bahawa kerajaan Tuhan tidak tertakluk pada firman, tetapi kuasa. Kuasa menjadi lebih besar apabila kita memiliki iman yang lengkap. Kuasa Tuhan datang kepada kita secara berbeza mengikut tahap doa, iman dan cinta kita. Kerja keajaiban Tuhan yang berada pada tahap lebih tinggi berbanding penyembuhan boleh dilakukan hanya oleh orang yang menerima kuasa Tuhan melalui doa dan berpuasa.

Oleh itu, jika anda memiliki iman yang lengkap, perkara mustahil akan menjadi mungkin kepada anda dan anda boleh mengaku dengan berani, "Jika Kau boleh? Tidak ada yang mustahil bagi orang yang percaya."

"Aku percaya; bantu aku yang tidak percaya!"

Terdapat proses yang perlu bagi anda untuk menerima penyelesaian bagi sebarang jenis masalah.

Untuk memulakan proses ini, anda mesti menawarkan pengakuan positif daripada bibir anda.

Terdapat seorang bapa yang kesedihan buat masa yang lama kerana anaknya dirasuk dengan roh jahat. Apabila bapa tersebut terdengar tentang Yesus, dia teringin sangat untuk berjumpa dengan-Nya. Selepas itu, bapa tersebut membawa anaknya berjumpa Yesus dengan menjangkakan bahawa terdapat peluang yang anaknya tidak boleh disembuhkan. Walaupun dia tidak mempunyai keyakinan mengenainya, dia meminta Yesus untuk menyembuhkan anaknya.

Yesus menegur bapa tersebut dengan bersabda, "Jika Kamu boleh!" Kemudian Dia menggalakkannya dengan bersabda, "Semua perkara mustahil bagi orang yang beriman." Selepas mendengar kata-kata semangat ini, ayah anak itu berteriak, "Aku percaya. Tolonglah aku yang tidak percaya ini." Oleh itu, dia membuat pengakuan positif ini di hadapan Yesus.

Kerana dia hanya mendengar dengan telinganya tentang semua perkara yang mungkin dengan Yesus, dia memahaminya dalam otaknya dan mengaku keimanannya hanya pada mulut, tetapi tidak mengaku keimanan yang boleh membuatkannya percaya dari lubuk hati. Walaupun dia mempunyai iman sebagai pengetahuan, pengakuannya yang positif menjadi desakan iman rohani dan melayakkannya untuk menerima jawapan.

Kemudian, anda perlu memiliki iman rohani yang membuatkan anda percaya daripada lubuk hati.

Bapa budak yang dirasuk syaitan itu sangat menginginkan iman rohani maka dia berkata kepada Yesus, "Aku percaya, bantu aku yang tidak percaya" (Markus 9:23). Apabila Yesus mendengar permintaan bapa tersebut, Dia tahu hati bapa budak tersebut tulus, ikhlas, jujur dan beriman, maka Dia memberikannya iman rohani yang membenarkan dia beriman daripada hatinya. Oleh itu, Tuhan boleh bekerja untuk bapa tersebut kerana dia memiliki iman rohani dan dia menerima jawapan daripada Tuhan.

Apabila Yesus memberi perintah dalam Markus 9:25, "Roh tuli dan bisu, Aku perintahkan kau keluar dari anak ini dan jangan sekali-kali masuk lagi ke dalamnya," dan roh jahat itu keluar.

Ringkasnya, bapa kanak-kanak tersebut tidak boleh menerima jawapan Tuhan dengan iman daging yang disimpan hanya sebagai pengetahuan. Tetapi, sebaik sahaja dia menerima iman rohani, jawapan Tuhan diberi kepadanya dengan segera.

Poin ketiga dalam proses adalah untuk meminta tolong dalam doa sehingga detik terakhir doa dimakbulkan.

Dalam Yeremia 33:3, Tuhan menjanjikan kita, "Serulah Aku, maka Aku akan menjawab engkau dan akan memberitahukan kepadamu hal-hal yang besar dan yang tidak difahami, yakni hal-hal yang tidak kau ketahui," dan dalam Yehezkiel 36:36, Dia mengajar kita, "Dalam hal ini juga Aku menginginkan, supaya kaum Israel meminta dari pada-Ku apa yang hendak Aku lakukan bagi mereka." Seperti yang tertulis di atas, Yesus, para nabi Perjanjian Lama dan pengikut Perjanjian Baharu meminta tolong dan berdoa kepada Tuhan untuk menerima jawapan-Nya.

Dengan cara yang sama, hanya dengan meminta tolong dalam doa barulah anda boleh menerima iman yang membuatkan anda percaya daripada hati dan hanya melalui iman rohani barulah anda boleh menerima jawapan bagi doa dan masalah anda. Anda perlu meminta tolong dalam doa sehingga doa anda dimakbulkan dan perkara mustahil akan menjadi mungkin bagi anda. Bapa anak yang dirasuk syaitan boleh dimakbulkan doanya kerana dia meminta tolong kepada Yesus.

Kisah bapa anak yang dirasuk syaitan ini memberikan pengajaran yang penting kepada kita dalam undang-undang Tuhan. Untuk kita mengalami firman Tuhan dengan berkata, "'Jika Kau boleh?' Semua perkara mungkin bagi orang yang percaya," anda perlu menukar iman daging anda menjadi iman rohani yang membantu anda memiliki iman lengkap, beriman kepada Tuhan dan taat tanpa ragu-ragu.

Untuk merumuskan proses ini, anda perlu membuat pengakuan positif terlebih dahulu dengan iman daging anda yang disimpan sebagai pengetahuan. Kemudian anda perlu meminta tolong kepada Tuhan dalam doa sehingga anda menerima jawapan. Akhirnya, anda perlu menerima iman rohani daripada atas yang menjadikannya mungkin bagi anda untuk percaya daripada hati.

Untuk memenuhi tiga syarat untuk menerima jawapan penuh, anda perlu memusnahkan dinding dosa menentang Tuhan terlebih dahulu. Seterusnya, tunjukkan amalan beriman dengan ikhlas. Kemudian, makmurkan jiwa anda. Sejauh mana anda penuhi tiga syarat ini, anda akan diberi iman rohani daripada atas dan menjadikan perkara mustahil menjadi mungkin.

Jika anda cuba untuk melakukan perkara ini secara berseorangan dan tidak menyerahkannya kepada Tuhan maha kuasa, anda akan berhadapan dengan masalah dan mengalami kesukaran. Berlainan pula jika anda memusnahkan fikiran manusia yang membuatkan anda berasa ia mustahil dan menyerahkan segala-galanya kepada Tuhan, Dia akan melakukan segala-galanya untuk anda, apa yang akan jadi mustahil?

Fikiran daging jahat menentang Tuhan (Roma 8:7). Fikiran daging menjauhkan anda daripada mempercayai dan menyebabkan anda untuk mengecewakan Tuhan dengan membuat pengakuan negatif. Fikiran sebegini membantu Iblis dalam menuduh anda dan menimpa anda dengan ujian, dugaan, masalah dan kesukaran. Oleh itu, kita harus memecahkan fikiran daging ini. Anda perlu menyerahkan segala masalah kepada Tuhan tanpa mengira apa jenis masalah yang anda hadapi termasuklah masalah kemakmuran jiwa, perniagaan, pekerjaan, penyakit dan keluarga anda. Anda perlu bergantung pada Tuhan maha kuasa, percaya bahawa Dia akan memungkinkan perkara yang mustahil dan memusnahkan segala jenis fikiran daging dengan iman.

Apabila anda membuat pengakuan positif dengan berkata "Saya percaya" dan berdoa kepada Tuhan daripada hati anda, Tuhan akan memberikan anda iman yang membantu anda percaya daripada lubuk hati dan dengan iman ini, Dia akan benarkan anda menerima jawapan kepada sebarang jenis masalah dan memuliakan-Nya. Betapa indahnya kehidupan ini!

Semoga anda berjalan hanya dalam keimanan untuk memenuhi kerajaan dan kesalihan Tuhan, untuk mengisi Amanat Agung menyebarkan perkhabaran Injil kepada dunia dan melakukan kehendak Tuhan yang ditugaskan kepada anda dan menjadikan perkara mustahil mungkin sebagai askar salib dan terangi cahaya Kristus, dengan nama Yesus Kristus aku berdoa!

Bab 6

Daniel Hanya Bergantung
kepada Tuhan

Daniel 6:21-23

Lalu kata Daniel kepada raja: "Ya raja, kekallah hidupmu! Tuhanku telah mengutus malaikat-Nya untuk menutup mulut singa-singa itu, sehingga mereka tidak mengapa-apakan aku, kerana ternyata aku tak bersalah di hadapan-Nya; tetapi juga terhadap tuanku, ya raja, aku tidak melakukan kejahatan." Lalu sangat sukacitalah raja dan ia memberi perintah, supaya Daniel ditarik dari dalam gua itu. Maka ditariklah Daniel dari dalam gua itu, dan tidak terdapat luka apa-apa padanya, kerana ia percaya kepada Tuhannya.

Semasa dia masih kecil, Daniel dipaksa menjadi hamba di Babel. Tetapi selepas itu, dia berada pada kedudukan yang membolehkannya menjadi pewaris kepada takhta. Kerana dia menyayangi Tuhan sebegitu hebat, Tuhan mengurniakan kepadanya pengetahuan dan kebijaksanaan dalam setiap cabang sastera dan hikmah. Daniel memahami segala jenis bayangan dan mimpi. Dia merupakan ahli politik dan nabi yang mendedahkan kuasa Tuhan.

Sepanjang hidupnya, Daniel tidak pernah berkompromi dengan dunia dalam menyembah Tuhan. Dia mengatasi segala dugaan dan ujian dengan iman syahid dan memuliakan Tuhan dengan kemenangan iman yang hebat. Apa yang perlu kita lakukan untuk memiliki iman yang sama sepertinya?

Mari kita lihat akan sebab Daniel, pewaris takhta raja sebagai pemerintah Babel, dibuang ke dalam kandang singa dan cara dia hidup dalam kandang singa tanpa segaris cakar pun pada tubuhnya.

Daniel, Orang Beriman

Sewaktu pemerintahan Raja Rehabeam, Kerajaan Bersekutu Israel terbahagi kepada dua - Kerajaan Selatan Yehuda dan Kerajaan Utara Israel disebabkan kemerosotan Raja Salomo (1 Raja-raja 11:26-36). Raja dan negara yang mentaati firman Tuhan makmur, tetapi orang yang mengingkari undang-undang Tuhan akan dimusnahkan.

Pada 722 S.M. Kerajaan Utara Israel tewas apabila diserang Asiria. Pada waktu itu, terlalu ramai orang yang ditangkap oleh Asiria. Kerajaan Selatan Yehuda juga diserang tetapi tidak dimusnahkan.

Selepas itu, Raja Nebukadnezar menyerang Kerajaan Selatan Yehuda dan pada cubaan ketiga, dia memecahkan bandar Yerusalem dan memusnahkan kuil Tuhan. Ia berlaku pada 586 S.M.

Pada tahun ketiga pemerintahan Yoyakim, raja Yehuda, raja Babel iaitu Nebukadnezar menyerang Yerusalem dan mengepungnya. Pada serangan yang pertama ini, Raja Nebukadnezar merantai Raya Yoyakim dengan rantai gangsa untuk membawanya ke Babel dan juga membawa beberapa perhiasan di rumah Tuhan ke Babel.

Daniel antara keluarga diraja dan bangsawan yang diambil sebagai tawanan pertama. Mereka tinggal di tanah Orang Bukan Yahudi, namun Daniel makmur sambil berkhidmat beberapa raja - Nebukadnezar dan Belsyazar yang merupakan raja Babel dan Darius serta Koresh yang merupakan raja Persia. Daniel tinggal di negara Orang Bukan Yahudi dalam tempoh yang lama dan berkhidmat pada negara-negara sebagai salah satu pemerintah selepas raja. Tetapi dia menunjukkan keimanannya yang dia tidak berkompromi dengan dunia dan menjalani kehidupan yang membanggakan sebagai nabi Tuhan.

Raja Babel, Nebukadnezar memerintahkan ketua pegawainya untuk membawa beberapa orang anak Israel, termasuk beberapa orang keluarga diraja dan para bangsawan, para belia yang tiada kecacatan, mempunyai paras rupa yang segak, mempunyai kebijaksanaan dalam setiap cabang hikmah, dikurniakan dengan pengetahuan pemahaman dan pembezaan yang mempunyai kebolehan dalam berkhidmat dalam pengadilan raja; dia memerintahkan pegawai tersebut untuk mengajar mereka sastera dan bahasa Kasdim dan membenarkan mereka makan makanan pilihan raja dan wain yang diminumnya serta memberi mereka masa untuk belajar selama tiga tahun. Daniel merupakan salah seorang daripada mereka (Daniel 1:4-5).

Tetapi Daniel membuat keputusan bahawa dia tidak akan mencemarkan dirinya dengan makanan pilihan raja atau wain yang diminumnya; maka dia meminta kebenaran daripada komander pegawai bahawa dia tidak akan mencemarkan dirinya (Daniel 1:8). Inilah iman Daniel yang ingin menuruti undang-undang Tuhan. Kini Tuhan mengurniakan Daniel nikmat dan kasih sayang pada pandangan komander pegawai tersebut (a. 9). Oleh itu, pengawas tersebut terus menahan makanan dan pillihannya dan sahabat serta wain yang sepatutnya mereka minum dan sentiasa memberi mereka sayur (a. 16).

Disebabkan Dia melihat iman Daniel, Tuhan mengurniakannya pengetahuan dan kebijaksanaan dalam setiap cabang sastera dan hikmah; Daniel juga memahami segala jenis bayangan dan mimpi (a. 17). Bagi setiap perkara hikmah dan pemahaman yang ditanya oleh raja, dia mendapati Daniel sepuluh kali lebih bagus berbanding semua ahli sihir yang berada dalam dunianya (a. 20).

Selepas itu, Raja Nebukadnezar terganggu dengan mimpinya dan tidak boleh tidur serta tiada orang Kasdim yang boleh menjelaskan maksud mimpinya. Tetapi Daniel berjaya dalam menjelaskan mimpi tersebut menggunakan hikmah dan kuasa Tuhan. Maka raja tersebut menaikkan kedudukan Daniel dan menganugerahinya banyak hadiah yang hebat dan menjadikannya pemerintah seluruh wilayah Babel dan ketua pengawas daripada semua orang bijak di Babel (Daniel 2:46-48).

Daniel bukan sahaja memenangi hati dan mendapat pengiktirafan daripada pemerintahan raja Babel, Nebukadnezar, dia juga dapat perkara yang sama daripada pemerintahan Belsyazar. Raja Belsyazar mengeluarkan pengisytiharan bahawa Daniel mempunyai kuasa sebagai pemerintah ketiga dalam kerajaan. Apabila Raja Belsyazar dibunuh dan Darius menjadi raja, Daniel masih memenangi hati raja.

Raja Darius melantik 120 satrap bagi kerajaannya dan terdapat tiga pesuruhjaya dalam kalangan mereka. Tetapi sejak Daniel mula menonjol dalam kalangan pesuruhjaya dan satrap dengan semangatnya yang luar biasa, raja merancang untuk melantiknya bagi seluruh kerajaan.

Kemudian para pesuruhjaya dan satrap mula mencari alasan untuk menuduh Daniel berkenaan urusan kerajaan; tetapi mereka tidak dapat mencari alasan untuk menuduh atau bukti korupsi kerana dia sangat beriman dan tiada pengabaian atau korupsi yang boleh dilihat dalam dirinya. Mereka merancang untuk mencari alasan untuk menuduh Daniel berkenaan undang-undang Tuhan. Mereka meminta raja perlu mewujudkan statut dan melaksanakan injunksi bahawa sesiapa yang berserah kepada mana-mana tuhan atau manusia melainkan raja selama tiga puluh hari perlu dicampak masuk ke dalam kandang singa. Mereka meminta raja mewujudkan injunksi dan menandatangani dokumen tersebut agar ia tidak boleh diubah mengikut undang-undang Media dan Persia yang tidak boleh dibatalkan. Oleh itu, Raja Darius menandatangani dokumen tersebut yang juga merupakan injunksi.

Apabila Daniel mendapat tahu bahawa dokumen tersebut telah ditandatangani, dia memasuki rumahnya dan dalam ruang atap dia membuka tingkapnya melihat Yerusalem dan dia terus berlutut tiga kali sehari, berdoa dan memanjatkan kesyukuran kepada Tuhannya, sama seperti yang dilakukannya sebelum itu (Daniel 6:10). Daniel tahu bahawa dia perlu dicampak ke dalam kandang singa jika dia melanggar injunksi tersebut, tetapi dia membuat keputusan untuk mati syahid dan menyembah Tuhan seorang.

Sungguhpun semasa dia ditangkap di Babel, Daniel sentiasa mengingati kasih kurnia Tuhan dan sangat menyayangi-Nya sehingga dia berlutut atas tanah, berdoa dan memanjatkan kesyukuran kepada-Nya tiga kali sehari tanpa henti. Daniel mempunyai iman yang kental dan tidak pernah berkompromi dengan dunia dalam menyembah Tuhan.

Daniel Dicampak Masuk ke Kandang Singa

Orang yang cemburu akan Daniel berpakat dan menemui Daniel meminta tolong dan merayu kepada Tuhannya. Mereka mendekatinya dan memberitahu raja tentang injunksi raja.

Akhirnya raja tersebut sedar bahawa mereka memintanya untuk mewujudkan injunksi bukan kerana dirinya sebagai raja, tetapi kerana rancangan untuk menghancurkan Daniel dan dia terkejut. Tetapi kerana raja telah menandatangani dokumen tersebut dan mengisytiharkan injunksi, dia sendiri tidak boleh memulihkannya kembali.

Sebaik sahaja raja tersebut terdengar akan pernyataan ini, dia sangat tertekan dan menetapkan mindanya untuk melepaskan Daniel. Tetapi pesuruhjaya dan satrap mendesak raja untuk menguatkuasakan injunksi dan raja tersebut tiada pilihan lain selain berbuat demikian.

Raja tersebut terpaksa mengeluarkan perintah dan Daniel dicampak ke dalam kandang singa dan batu dibawa dan diletakkan di pintu masuk kandang. Hal ini adalah kerana tiada apa yang diubah berkaitan dengan Daniel.

Raja tersebut yang dimenangi hatinya oleh Daniel, kembali ke istananya dan berpuasa sepanjang malam dan tiada hiburan dibawa untuknya sehinggakan dia juga tidak tidur malam. Raja tersebut bangkit pada subuh hari dan pergi ke kandang singa dengan tergesa-gesa. Secara semula jadinya kita akan menganggap Daniel telah dimakan oleh singa kerana dia dicampak masuk ke dalam kandang singa yang lapar. Tetapi raja tersebut tergesa-gesa pergi ke kandang singa kerana dia merasakan bahawa Daniel dapat hidup.

Pada waktu tersebut, ramai penjenayah yang ditangkap juga dicampak masuk ke dalam kandang singa. Tetapi bagaimana

Daniel mengatasi singa-singa yang lapar dan hidup? Raja berfikir dalam mindanya bahawa Tuhan yang disembah Daniel mungkin boleh menyelamatkannya dan dia menghampiri kandang tersebut. Raja tersebut menjerit dengan suara yang susah hati dan berkata kepada Daniel, "Daniel, hamba Tuhan yang hidup, adakah Tuhan kau yang sentiasa kau sembah dapat menyelamatkan kau daripada singa-singa?"

Baginda terkejut kerana suara Daniel dapat didengari dari dalam kandang singa. Daniel berkata kepada raja, "Ya raja, kekallah hidupmu! Tuhanku telah mengutus malaikat-Nya untuk menutup mulut singa-singa itu, sehingga mereka tidak mengapa-apakan aku, kerana ternyata aku tak bersalah di hadapan-Nya; tetapi juga terhadap tuanku, ya raja, aku tidak melakukan kejahatan" (Daniel 6:21-22).

Lalu sangat sukacitalah raja dan ia memberi perintah, supaya Daniel ditarik dari dalam gua itu. Apabila Daniel dibawa keluar dari kandang itu, tiada sedikit kecederaan pun pada tubuhnya. Betapa menakjubkan hal ini! Hal ini merupakan kemenangan besar yang dilakukan dengan iman Daniel yang percaya pada Tuhan! Disebabkan Daniel percaya pada Tuhan yang hidup, dia berjaya hidup dalam kalangan singa-singa lapar dan mendedahkan kemuliaan Tuhan kepada orang bukan Yahudi.

Kemudian raja memerintahkan agar orang-orang yang menuduh Daniel dengan keji dan membuang mereka, anak-anak dan para isteri mereka ke dalam kandang singa dan belum lagi mereka menghampiri hujung kandang tersebut sebelum para singa itu menerkam dan menghancurkan kesemua tulangtemulang mereka (Daniel 6:24). Kemudian Darius sang raja menulis kepada para rakyat, negara dan manusia dalam setiap bahasa yang tinggal di semua tanah dan membiarkan mereka takut akan Tuhan dengan mendedahkan siapa Tuhan yang sebenar.

Raja tersebut bersuara kepada mereka, "Salam sejahtera! Aku perintahkan kepada semua orang yang berada di wilayah kerajaanku supaya takut dan hormat kepada Tuhan yang disembah oleh Daniel! Ia adalah Tuhan yang hidup selama-lamanya, sampai akhir zaman Ia memerintah. Kerajaan-Nya tak mungkin binasa. Kekuasaan-Nya tak ada habisnya. Ia menyelamatkan dan membebaskan, melakukan mujizat dan keajaiban di langit mahupun di bumi. Daniel telah diselamatkan-Nya, dari terkaman singa-singa" (Daniel 6:26-27).

Betapa hebatnya kemenangan iman ini! Semua ini terjadi kerana tiada dosa ditemui dalam Daniel dan dia mempercayai Tuhan sepenuhnya. Jika kita berjalan dengan firman Tuhan dan tinggal dalam kasih sayang-Nya, Tuhan akan memberikan anda jalan untuk melepaskan diri dan membuatkan anda bersorak kemenangan tanpa mengira apa jenis situasi dan keadaan.

Daniel, Pemenang Iman yang Hebat

Apa jenis iman yang dimiliki Daniel sehinggakan dia dapat memberikan kemuliaan sebegitu kepada Tuhan? Mari lihat pada jenis iman yang dimiliki Daniel agar kita boleh mengatasi sebarang jenis ujian dan penderitaan serta mendedahkan kemuliaan Tuhan hidup kepada ramai orang.

Daniel tidak pernah mengkompromikan imannya dengan apa-apa perkara duniawi pun.

Dia bertanggungjawab dalam urusan am negara sebagai salah satu pesuruhjaya Babel dan sangat sedar bahawa dia akan dicampak masuk ke kandang singa jika dia melanggar injunksi tersebut. Tetapi dia tidak pernah menuruti fikiran dan hikmah manusia. Dia tidak gentar akan manusia yang membuat rancangan jahat terhadapnya. Dia melutut di atas tanah dan berdoa kepada Tuhan seperti yang dibuat sebelumnya. Jika dia menuruti fikiran manusia, dia sudah pun berhenti berdoa kepada Tuhan atau berdoa dalam bilik rahsia sewaktu 30 hari apabila injuksi tersebut berkuatkuasa. Walau bagaimanapun, Daniel tidak berbuat salah satu pun daripada pilihan tersebut. Dia tidak ingin menyelamatkan nyawanya langsung mahupun dia berkompromi dengan dunia. Dia hanya menjaga imannya dengan cintanya terhadap Tuhan.

Secara ringkasnya, kerana dia mempunyai keimanan syahid sebegitu, dia memasuki rumahnya dan dalam bilik atapnya dia membuka tingkap yang memperlihatkan Yerusalem walaupun dia tahu bahawa dokumen tersebut telah ditandatangani. Dia terus berlutut tiga kali sehari, berdoa dan memanjatkan kesyukuran di hadapan Tuhan seperti yang dilakukan sebelum ini.

Kedua, Daniel mempunyai iman sehinggakan dia tidak berhenti berdoa.

Apabila dia terjerumus dalam situasi yang memerlukan dia bersedia untuk mati, dia berdoa kepada Tuhan seperti biasa. Dia tidak mahu melakukan dosa dengan berhenti berdoa (1 Samuel 12:23).

Doa merupakan nafas roh kita, maka kita tidak patut berhenti berdoa. Apabila ujian dan penderitaan mendatangi kita, kita perlu berdoa dan apabila kita berasa tenang, kita perlu berdoa agar kita tidak akan digoda (Lukas 22:40). Kerana dia tidak berhenti berdoa, Daniel dapat menjaga imannya dan mengatasi dugaan.

Ketiga, Daniel mempunyai iman yang membuatkannya bersyukur dalam apa jua keadaan.

Ramai bapa iman yang tercatat dalam Injil memanjatkan kesyukuran bagi segala-galanya dengan iman kerana mereka tahu bahawa iman sejati adalah dengan bersyukur dalam apa jua keadaan. Apabila Daniel dibuang ke dalam kandang singa kerana dia mentaati undang-undang Tuhan, ia menjadi kemenangan iman. Sungguhpun dia dimakan oleh singa, dia akan diletakkan dalam dakapan Tuhan dan hidup dalam kerajaan Tuhan yang abadi. Tanpa mengira apa yang akan terjadi kepadanya, dia langsung tidak gentar! Jika seseorang benar-benar percaya pada syurga, dia tidak boleh takut akan kematian.

Jika Daniel hidup dengan aman sebagai pemerintah

kerajaan selepas raja mangkat, ia merupakan penghormatan yang sementara. Tetapi jika dia ingin menjaga imannya dan mati syahid, dia akan diakui oleh Tuhan, dianggap hebat dalam kerajaan syurga dan dalam kemuliaan bersinar yang abadi. Kerana itulah Daniel hanya memanjatkan kesyukurannya.

Keempat, Daniel tidak pernah berbuat dosa. Dia mempunyai iman yang membuatkannya mentaati dan mengamalkan firman Tuhan.

Tiada alasan untuk menuduh Daniel berkenaan dengan urusan kerajaan. Tiada pun jejak korupsi, pengabaian atau ketidakjujuran ditemui dalam dirinya. Betapa sucinya kehidupan dia!

Daniel tidak berasa menyesal dan tidak berasa sakit hati terhadap raja yang memerintahkannya untuk dicampak masuk ke dalam kandang singa. Sebaliknya, dia masih setia dengan raja tersebut sehinggakan dia berkata kepada raja, "Ya raja, hiduplah selama-lamanya!" Jika ujian ini diberi kepadanya kerana dia melakukan dosa, Tuhan tidak boleh melindunginya. Tetapi kerana Daniel tidak berdosa, dia boleh dilindungi oleh Tuhan.

Kelima, Daniel mempunyai iman yang membuatkannya percaya pada Tuhan sepenuhnya.

Jika kita mempunyai perasaan takut penuh hormat akan Tuhan, bergantung sepenuhnya pada Dia dan menyerahkan semua urusan kita pada-Nya, Dia akan menyelesaikan semua jenis masalah bagi kita. Daniel mempercayai Tuhan sepenuhnya dan bergantung sepenuhnya pada Dia. Oleh itu, dia tidak berkompromi dengan dunia tetapi memilih undang-undang Tuhan dan meminta bantuan Tuhan. Tuhan melihat iman Daniel dan melancarkan urusannya bagi kebaikan Daniel. Rahmat demi rahmat ditambah agar kemuliaan hebat boleh diberi kepada Tuhan.

Jika kita mempunyai iman yang sama seperti yang dimiliki oleh Daniel, kita boleh mengatasi segala jenis ujian dan kesukaran yang dihadapi, menukar ujian dan kesukaran menjadi peluang rahmat dan menjadi saksi kepada Tuhan yang hidup. Musuh syaitan sentiasa mencari-cari mangsa yang terbaru. Oleh itu, kita perlu menolak syaitan dengan iman yang kuat dan hidup dalam lindungan Tuhan dengan menjaga dan mentaati firman Tuhan.

Melalui ujian yang mendatangi kita dan berlangsung buat seketika, Tuhan akan menyempurnakan, mengesahkan, menguatkan dan mewujudkan kita (1 Petrus 5:10). Saya berharap anda semua memiliki iman seperti Daniel, berjalan dengan Tuhan pada setiap masa dan memuliakan-Nya dan dengan nama Tuhan Yesus Kristus aku berdoa!

Bab 7

Tuhan Menyediakan Terlebih Dahulu

Kejadian 22:11-14

Tetapi malaikat TUHAN berseru dari langit dan berkata, "Abram, Abram!" Dan dia berkata, "Ya, Tuhan" Dia berkata, "Jangan menghulurkan tanganmu terhadap pemuda itu, dan melakukan apa-apa kepadanya; buat masa ini Aku tahu bahawa kau takut kepada Tuhan, kerana kau tidak menyembunyikan anak kau, satu-satunya anak kau, dari Aku." Kemudian Abram mengangkat pandangannya dan melihat, dan sesungguhnya, di belakangnya seekor domba jantan tersangkut dalam belukar dengan tanduk-tanduknya; dan Abram mengambil domba dan ditawarkan kepada TUHAN sebagai korban bakaran bagi pengganti anaknya. Abram menamai tempat itu TUHAN Akan Memberikan, seperti yang dikatakan hari ini, "Di atas gunung TUHAN ia akan disediakan."

Jehovah-jireh! Betapa menarik dan menyenangkan apabila mendengarnya! Ini bermakna Tuhan menyediakan segala-galanya terlebih dahulu. Hari ini banyak orang yang beriman kepada Tuhan telah mendengar dan tahu bahawa Tuhan bekerja, menyediakan dan membimbing kita terlebih dahulu. Tetapi kebanyakan orang gagal untuk mengalami firman Tuhan ini dalam kehidupan mereka yang beriman.

Perkataan "Jehovah-Jireh" adalah keberkatan, kebenaran, dan harapan. Semua orang berhasrat dan meronta-ronta untuk perkara-perkara ini. Jika kita tidak menyedari bahawa jalan perkataan ini merujuk kepada apa, kita tidak boleh masuk ke dalam jalan keberkatan. Jadi, saya ingin berkongsi dengan anda iman Abram sebagai contoh seorang lelaki yang mendapat restu dari "Jehovah-Jireh."

Abram Meletakkan Firman Tuhan Sebagai yang Paling Penting

Yesus berkata dalam Markus 12:30, "Kasihilah Tuhan dengan segenap hatimu dan dengan segenap jiwamu dan dengan segenap akal budimu dan dengan segenap kekuatanmu." Seperti yang diterangkan dalam Kejadian 22:11-14, Abram mengasihi Tuhan sehingga dia dapat berkomunikasi dengan Tuhan secara berhadapan, menyedari kehendak Tuhan, dan menerima berkat Jehovah-Jireh. Anda perlu sedar bahawa dia menerima semua ini bukan secara tidak sengaja.

Abraham meletakkan Tuhan melebihi segala-galanya dan menganggap firman Tuhan sebagai lebih bernilai berbanding semua perkara lain. Jadi, dia tidak mengikut pemikirannya sendiri dan dia sentiasa bersedia untuk mematuhi perintah

Tuhan. Disebabkan dia jujur dengan Tuhan dan dirinya sendiri, tanpa ada perkara yang tidak benar, jauh di lubuk hatinya, dia telah bersedia untuk menerima rahmat ini.

Berfirmanlah Tuhan kepada Abraham dalam Kejadian 12:1-3, "Pergilah dari negerimu dan dari sanak-saudaramu dan dari rumah bapamu ini ke negeri yang akan Kutunjukkan kepadamu; Aku akan membuat engkau menjadi bangsa yang besar, dan memberkati engkau serta membuat namamu masyhur; dan engkau akan menjadi berkat. Aku akan memberkati orang-orang yang memberkati engkau dan mengutuk orang-orang yang mengutuk engkau. Dan kerana engkau Aku akan memberkati semua bangsa di bumi."

Dalam situasi ini, jika Abraham menggunakan pemikiran manusia, dia tentu berasa terganggu apabila Tuhan memerintahkannya untuk meninggalkan tanah air, ahli keluarga dan rumah bapanya. Tetapi dia menganggap Tuhan sebagai Bapa, Pencipta, sebagai yang terdahulu. Dengan cara ini, dia dapat mematuhi dan mengikuti kehendak Tuhan. Dengan cara yang sama, sesiapa pun boleh mematuhi Tuhan dengan sukacita jika dia benar-benar sayangkan Tuhan. Ini kerana dia percaya yang Tuhan menyebabkan segala-galanya berjalan dengan baik untuknya.

Banyak bahagian Alkitab menunjukkan kepada kita banyak bapa yang beriman yang menganggap firman Tuhan sebagai yang paling penting dan berjalan sesuai dengan janji-Nya. 1 Raja-raja 19:20-21 berkata, "[Elisa] meninggalkan lembu-lembu itu dan berlari mengikuti Elia serta berkata, 'Biarkanlah aku mencium ayah dan ibuku, maka aku akan mengikuti kau.' Dan dia berkata kepadanya, 'Pergilah, untuk apa yang telah ku buat kepadamu?' Jadi dia pulang sesudah mengikuti Elia, dan mengambil pasangan lembu dan mempersembahkannya dan merebus daging mereka dengan alat-lembu-lembu itu dan memberikannya kepada orang-orang lalu mereka makan. Kemudian dia bangun dan mengikuti Elia dan menjadi pelayannya. " Apabila Tuhan memanggil Elisa melalui Elia, dia terus meninggalkan segala kepunyaannya serta menurut kehendak Tuhan.

Sama juga halnya dengan para hawari Yesus. Apabila Yesus memanggil, mereka mengikuti-Nya serta-merta. Matius 4:18-22 memberitahu kita, "Ketika Yesus berjalan menyusur danau Galilea, Dia melihat dua orang bersaudara, iaitu Simon yang dipanggil Petrus, dan Andreas, saudaranya sedang menebarkan jala di danau,; kerana mereka penjala ikan. Dan Dia berkata kepada mereka, 'Ikut aku, dan aku akan menjadikan kau nelayan.' Saat itu juga mereka meninggalkan jalanya dan mengikuti Dia. Melangkah dari sana Dia melihat dua orang bersaudara yang lain, James anak Zebedeus, dan Yohanes, saudaranya, dalam bot dengan Zebedee, bapa mereka, membaiki pukat; dan Dia memanggil mereka. Mereka meninggalkan sampannya dengan cepat dan mengikuti Dia."

Kerana itulah saya tidak sabar-sabar menggesa anda untuk mempunyai keimanan di mana anda boleh menuruti apa sahaja kehendak Tuhan, dan untuk mempertimbangkan firman Tuhan sebagai yang terpenting supaya Tuhan boleh bekerja untuk kebaikan segala-galanya bagi anda dengan kuasa-Nya.

Abraham Selalu Menjawab, "Ya!"

Sesuai dengan firman Tuhan, Abram meninggalkan negaranya, Haran, dan pergi ke tanah Kanaan. Namun kerana kebuluran begitu serius di sana, dia terpaksa berpindah ke tanah Mesir (Kejadian 12:10). Apabila dia berpindah ke sana, Abram memanggil isterinya 'kakak' untuk mengelakkan dirinya dari dibunuh. Mengenai perkara ini, ada yang mengatakan bahawa dia memperdayakan orang di sekeliling dia memberitahu mereka bahawa wanita itu adalah kakaknya kerana dia takut dan pengecut. Secara realitinya, dia tidak berbohong kepada mereka, tetapi hanya menggunakan pemikiran manusianya. Ia terbukti dengan hakikat bahawa apabila dia telah diperintahkan untuk meninggalkan negaranya, dia taat tanpa rasa takut. Jadi, ia tidak benar bahawa dia menipu mereka memberitahu bahawa wanita adalah kakaknya kerana dia pengecut. Dia melakukan bukan sahaja kerana dia benar-benar salah seorang sepupunya, tetapi juga kerana dia fikir ia lebih baik untuk memanggil isterinya 'kakak' dan bukannya 'isteri.'

Semasa dia tinggal di Mesir, Abram telah ditapis oleh Tuhan sehingga ia benar-benar bergantung kepada Tuhan dengan iman sempurna tanpa mengikut kebijaksanaan dan pemikiran manusia. Dia sentiasa bersedia untuk patuh, namun dalam dirinya masih ada pemikiran jasmani yang masih belum disingkirkan. Melalui ujian ini, Tuhan membenarkan Firaun Mesir melayannya dengan baik. Tuhan memberikan Abram banyak berkat seperti biri-biri, lembu dan keledai serta hamba lelaki dan perempuan, keldai dan unta.

Ini memberitahu kita bahawa jika ujian menimpa kita kerana kita tidak taat, kita perlu menjalani kesukaran, manakala jika ujian datang kerana pemikiran duniawi kita belum lagi dibuang, walaupun kita taat, Tuhan membuatkan semuanya bekerja untuk kebaikan.

Percubaan ini memungkinkan untuk beliau berkata hanya "Amin" dan taat dalam segala-galanya, dan selepas itu Tuhan memerintahkan dia untuk menawarkan satu-satunya anaknya, Ishak sebagai korban bakaran. Kejadian 22:1 berbunyi, "Kini ia muncul selepas perkara-perkara ini, bahawa Tuhan menguji Abram dan berkata kepadanya: Hai Abram! ' Dan dia berkata, "Ya, Tuhan"

Ketika Ishak dilahirkan, Abram berumur seratus tahun dan isterinya, Sarah, berumur sembilan puluh tahun. Sebagai ibu bapa ia adalah benar-benar mustahil untuk mempunyai anak tetapi hanya dengan rahmat dan janji Tuhan, seorang anak lelaki telah lahir bagi mereka dan anak juga dikira sebagai lebih berharga bagi mereka daripada apa-apa pun. Selain itu, dia ialah benih janji Tuhan. Itulah sebab dia begitu kagum apabila Tuhan memerintahkan dia untuk menawarkan anaknya sebagai korban bakaran seperti haiwan! Ia melampaui apa jua jenis imaginasi manusia.

Namun, Abraham percaya yang Tuhan mampu membangkitkan anak lelakinya daripada kematian, itu sebabnya dia mampu mematuhi perintah Tuhan (Ibrani 11:17-19). Dalam aspek lain, kerana semua fikiran yang duniawi, telah dimusnahkan, dia boleh memiliki iman di mana dia boleh menawarkan Ishak, anaknya sebagai korban bakaran.

Tuhan melihat iman Abram dan menyediakan seekor domba jantan untuk korban bakaran itu, supaya Abram mungkin tidak menghulurkan tangannya terhadap anaknya. Abram mendapati seekor domba jantan tersangkut dalam belukar dengan tanduknya mengambil domba itu dan menawarkan ia untuk korban bakaran di tempat anaknya. Dan dia menamai tempat itu 'TUHAN Akan Menyediakan.'

Tuhan memuji Abram kerana imannya, berkata dalam Kejadian 22:12, "Sekarang Aku tahu bahawa kau takut kepada

Tuhan, kerana kau tidak menyembunyikan anak kau, satu-satunya anak, dari Aku," dan memberikan kepadanya janji yang menakjubkan dalam ayat-ayat 17-18: "Sesungguhnya Aku akan memberkati kau, dan Aku akan mengembangkan sangat banyak keturunanmu seperti bintang di langit dan seperti pasir yang di laut; dan keturunanmu hendaklah mempunyai pintu gerbang musuh-musuh mereka. Oleh keturunanmu semua bangsa di bumi akan mendapat berkat, kerana engkau mendengarkan firman-Ku."

Walaupun iman anda belum mencapai tahap Abram, mungkin kadang-kadang kamu telah mengalami berkat 'TUHAN Akan Menyediakan.' Apabila anda ingin melakukan sesuatu, anda mendapati bahawa Tuhan sudah bersedia untuk itu. Ia mungkin kerana hati anda mencari Tuhan pada ketika itu. Jika anda mampu untuk memiliki iman yang sama seperti Abram dan benar-benar taat kepada Tuhan, dan kamu diam dengan berkat 'TUHAN Akan Menyediakan' di mana sahaja dan bila-bila masa; kehidupan yang menakjubkan ada di dalam Kristus!

Dalam usaha untuk anda untuk menerima berkat Jehovah-Jireh: TUHAN Akan Menyediakan, 'anda perlu mengatakan "Amin" untuk apa-apa sahaja perintah Tuhan, dan berjalan hanya menurut kehendak Tuhan tanpa berkeras fikiran anda sendiri sama sekali. Anda perlu mendapat pengiktirafan dari Tuhan. Itulah sebabnya Tuhan dengan jelas memberitahu kita bahawa mentaati adalah lebih baik daripada pengorbanan (1 Samuel 15:23).

Yesus wujud dalam bentuk Tuhan, tetapi Dia tidak menganggap kesetaraan dengan Tuhan itu sebagai milik yang harus dipertahankan, melainkan telah mengosongkan diri-Nya sendiri, dan mengambil rupa seorang hamba, dan menjadi sama dengan manusia. Dia menurunkan darjat-Nya dan menjadi patuh kepada kematian (Filipi 2:6-8). Dan mengenai ketaatan-Nya, 2 Korintus 1:19-20 berkata, "Sebab Anak Tuhan, Kristus Yesus, yang diisytiharkan kepada kamu oleh kami - oleh saya dan Silwanus serta Timothy- adalah bukan betul dan salah, tetapi benar di dalam-Nya. Kerana sebanyak mana janji-janji Tuhan, bagi-Nya adalah betul; itulah sebabnya Amen kami melaluinya kepada kemuliaan Tuhan melalui kami."

Sebagai satu-satunya Anak Tunggal Tuhan berkata hanya "Ya," kita perlu sudah pasti mengatakan "Amen" di mana-mana firman Tuhan dan mengagungkan-Nya dengan menerima berkat 'TUHAN Akan Menyediakan.'

Abram Mengejar Ketenangan dan Kesucian dalam Semuanya

Oleh kerana dia mengira firman Tuhan sebagai yang terpenting, dan menyayangi-Nya lebih daripada segalanya, Abram berkata hanya "Amin" pada firman Tuhan dan benar-benar patuh supaya dia boleh menggembirakan Tuhan.

Selain itu, dia disucikan sepenuhnya dan sentiasa berusaha untuk berdamai dengan semua orang di sekelilingnya, supaya dia mendapat pengiktirafan dari Tuhan.

Dalam Kejadian 13:8-9, dia berkata kepada anak saudaranya Lot: "Janganlah ada perkelahian antara aku dan engkau, dan tidak juga antara para gembalaku dan para gembalamu, sebab kita adalah bersaudara. Bukankah seluruh negeri ini terbuka untuk engkau? Baiklah pisahkan dirimu dari padaku; jika engkau ke kiri, maka aku ke kanan; jika engkau ke kanan, maka aku ke kiri."

Dia adalah senior kepada Lot, tetapi dia memberikan Lot pilihan tanah untuk berdamai dan mengorbankan dirinya. Ia adalah kerana dia tidak mendapatkan faedah sendiri tetapi faedah orang lain di dalam kasih rohani. Dengan cara yang sama, jika anda tinggal dalam kebenaran, anda tidak perlu bertengkar dan tidak perlu berbangga dengan diri anda untuk selalu hidup berdamai dengan sesiapa sahaja.

Dalam Kejadian 14:12, 16 kita mendapati bahawa ketika Abram mendengar bahawa anak saudaranya Lot telah ditawan, dia yang menghantar lelaki yang terlatih, dari rumahnya, tiga ratus lapan belas, dan dia pergi dalam mengejar membawa balik semua barang, dan juga saudaranya Lot dengan harta benda, juga perempuan-perempuan dan orang-orang lain. Dan kerana dia benar-benar lurus dan berjalan dengan cara yang betul, dia memberi Melkisedek, raja Salem, satu per sepuluh daripada semua keuntungannya, dan memulangkan baki kepada raja Sodom dengan berkata "Aku tidak akan mengambil sepotong benang atau sandal atau apa-apa yang ada padamu, kerana aku takut kau akan berkata: Aku telah membuat Abram menjadi kaya" (ay. 23). Oleh itu, Abram tidak hanya dalam usaha mencapai keamanan dalam setiap urusan tetapi dia juga berjalan dengan cara yang soleh dan jujur.

Ibrani 12:14 berfirman, "Berusahalah hidup damai dengan semua orang dan kejarlah kekudusan, sebab tanpa kekudusan tidak seorang pun akan melihat Tuhan." Saya tidak sabar-sabar menggesa anda untuk menyedari bahawa Abram boleh menerima berkat Jehovah-Jireh: TUHAN Akan Menyediakan, 'kerana dia mengejar damai dengan semua orang dan mencapai pengudusan. Saya juga menggalakkan anda agar menjadi jenis manusia yang sama sepertinya.

Mempercayai Kuasa Tuhan Maha Pencipta

Untuk menerima berkat 'TUHAN Akan Menyediakan,' kita perlu percaya pada kuasa Tuhan. Ibrani 11:17-19 mengajar kita, "Dengan beriman, Abram, ketika ia telah diuji, mempersembahkan Ishak, dan siapa yang telah menerima janji itu menawarkan satu-satu anaknya yang dikatakan, 'Ishak keturunan yang akan disebut.' Kerana ia berfikir, bahawa Tuhan berkuasa membangkitkan orang-orang sekalipun dari antara orang mati. Dan dari sana ia seakan-akan telah menerimanya kembali." Abram percaya kepada kuasa Tuhan Pencipta akan dapat membuat segalanya, supaya dia boleh taat kepada Tuhan tanpa mengikut apa-apa jenis pemikiran duniawi dan manusia.

Apa yang akan anda lakukan jika Tuhan menyuruh anda untuk menawarkan hanya anakmu sebagai korban bakaran itu? Jika anda percaya pada kuasa Tuhan yang tidak mustahil, tidak kira anda tidak setuju, anda akan dapat mematuhi perintah itu. Kemudian anda akan menerima berkat 'TUHAN Akan Menyediakan.'

Kerana kuasa Tuhan adalah tanpa had, ia mempersiapkan terlebih dahulu, berjaya dan membayar kepada kita dengan berkat jika kita benar-benar taat tanpa mempunyai apa-apa pemikiran duniawi seperti Abram. Jika kita mempunyai sesuatu yang kita suka lebih daripada Tuhan atau mengatakan "Amin" hanya pada perkara-perkara yang bersetuju dengan pemikiran dan teori kita, kita tidak boleh menerima berkat 'TUHAN

Akan Menyediakan.'

Seperti yang dikatakan dalam 2 Korintus 10:5, "Kami memusnahkan spekulasi dan setiap perkara yang tinggi dibangkitkan menentang pengenalan Tuhan, dan kami mengambil segala pikiran dan menaklukkannya kepada ketaatan Kristus," untuk menerima dan Berkat 'TUHAN Akan menyediakan,' kita perlu buang segala pemikiran manusia dan memiliki iman rohani yang mana kita boleh menyebut "Amin." Kalaulah Musa tidak memiliki iman rohani, bagaimana dia boleh memisahkan Laut Merah kepada dua? Tanpa iman rohani, bagaimana Yoshua boleh memusnahkan kota Yeriko?

Dan jika kamu taat hanya perkara-perkara yang dipersetujui oleh pengetahuan dan pemikiran kamu, ia tidak boleh dipanggil ketaatan rohani. Tuhan menciptakan sesuatu daripada ketiadaan, jadi bagaimana kuasa-Nya yang sama dengan kekuatan dan pengetahuan orang-orang yang membuat sesuatu daripada sesuatu?

Matius 5:39-44 menyatakan yang berikut. "Tetapi Aku berkata kepadamu, janganlah kamu melawan orang yang berbuat jahat kepadamu; melainkan siapapun yang menampar pipi kananmu, berilah juga kepadanya pipi kirimu. Jika orang yang mendakwa kamu dan mengambil baju kamu, berikanlah kepadanya jubahmu. Sesiapa yang memaksa kamu untuk pergi sejauh satu batu, berjalanlah bersama dia sejauh dua. Berilah kepada orang yang meminta kepadamu dan janganlah kamu berpaling dari orang yang mahu meminjam daripadamu. Kamu telah mendengar firman, Kasihilah sesamamu manusia dan bencilah musuhmu.' Tetapi Aku berkata kepadamu: Kasihilah musuhmu dan berdoalah bagi mereka yang menganiaya kamu."

Betapa berbeza firman Tuhan berbanding pemikiran dan

pengetahuan kita sendiri? Sebab itu saya menyeru kepada anda untuk ingat bahawa jika anda cuba untuk mengatakan "Amin" hanya pada perkara yang dipersetujui fikiran anda, anda tidak boleh mencapai ke dalam Kerajaan Tuhan dan menerima berkat Jehovah-Jireh: TUHAN Akan Menyediakan.'

Walaupun anda menganut kepercayaan dalam Tuhan maha kuasa, anda berada dalam masalah, kebimbangan, dan keresahan apabila berhadapan dengan sebarang masalah? Jadi, ia tidak boleh dianggap sebagai iman yang benar. Jika anda mempunyai iman yang benar, anda perlu mempercayai kuasa Tuhan dan melakukan apa-apa masalah ke dalam tangan-Nya dengan kegembiraan dan kesyukuran.

Semoga setiap kamu menjadikan Tuhan sebagai yang terpenting, menjadi taat untuk mengatakan "Amin" bagi setiap firman Tuhan, mengejar damai dengan semua orang di dalam kesucian, dan percaya kepada kuasa Tuhan yang mampu menghidupkan orang mati supaya anda boleh menerima dan menikmati berkat 'TUHAN akan Menyediakan,' dalam nama Tuhan kita Yesus Kristus aku berdoa!

Penulis:
Dr. Jaerock Lee

Dr. Jaerock Lee dilahirkan di Muan, Wilayah Jeonnam, Republik Korea, pada tahun 1943. Dalam usia dua puluhan, Dr. Lee menderitai pelbagai penyakit yang tidak dapat disembuhkan selama tujuh tahun dan menunggu kematian tanpa harapan untuk sembuh. Suatu hari dalam musim bunga tahun 1974, beliau dibawa ke sebuah gereja oleh kakaknya dan apabila beliau melutut untuk berdoa, Tuhan yang Maha Hidup menyembuhkan semua penyakitnya dengan serta-merta.

Sejak Dr. Lee bertemu Tuhan yang Maha Hidup melalui pengalaman menakjubkan ini, beliau mencintai Tuhan dengan sepenuh hati dan keikhlasan, dan pada tahun 1978, beliau telah terpanggil untuk menjadi hamba Tuhan. Beliau berdoa dengan khusyuk dan berpuasa supaya dapat memahami dengan jelas kehendak Tuhan, dan mencapai tahap ini serta mematuhi semua Firman Tuhan. Pada tahun 1982, beliau mengasaskan Gereja Besar Manmin di Seoul, Korea, dan menjalankan banyak kerja Tuhan, termasuklah penyembuhan dan mukjizat, semuanya berlaku di gereja ini.

Pada 1986, Dr. Lee telah ditahbiskan sebagai paderi pada Perhimpunan Tahunan Yesus Gereja Sungkyul di Korea, dan empat tahun selepas itu, pada tahun 1990, khutbahnya mula disiarkan di Australia, Rusia dan Filipina. Dalam masa yang singkat lebih banyak negara dapat dicapai melalui Far East Broadcasting Company, Asia Broadcast Station, dan Washington Christian Radio System.

Tiga tahun selepas itu, pada tahun 1993, Gereja Besar Manmin telah dipilih sebagai "50 Gereja Teratas Dunia" oleh majalah Christian World (AS) dan beliau menerima Ijazah Kedoktoran Kehormat Kesucian dari Kolej Keimanan Kristian, Florida, AS, dan PhD pada tahun 1996. dalam bidang Penyebaran Agama, oleh Seminari Teologi Kingsway, Iowa, AS.

Sejak 1993, Dr. Lee telah menerajui misi dunia melalui banyak perjuangan ke luar negara seperti ke Tanzania, Argentina, L.A., Baltimore, Hawaii, dan New York di AS, Uganda, Jepun, Pakistan, Kenya, Filipina, Honduras, India, Rusia, Jerman, Peru, Republik Demokratik Congo, dan Israel dan Estonia.

Pada tahun 2002, beliau diakui sebagai "tokoh kebangkitan sedunia" atas dakwahnya yang berkesan dalam banyak misi mubaligh antarabangsa, oleh akhbar

Kristian utama di Korea. Yang diberi tumpuan ialah 'Perhimpunan New York 2006' yang diadakan di Madison Square Garden, arena paling terkenal di dunia. Acara ini disiarkan ke 220 negara, dan dalam 'Perhimpunan Bersatu Israel 2009', yang diadakan di Pusat Konvensyen Antarabangsa (ICC) di Jerusalem, beliau dengan berani mengakui bahawa Yesus Kristus ialah Al-Masih dan Penyelamat.

Ceramahnya ditayangkan kepada 176 negara melalui satelit termasuklah GCN TV dan dia tersenarai sebagai '10 Pemimpin Kristian Paling Berpengaruh' pada tahun 2009 dan 2010 oleh majalah Kristian Rusia In Victory dan agensi berita Christian Telegraph bagi siaran khutbah TVnya yang berkuasa dan khutbah gereja-paderi di luar negara.

Sehingga May 2013, Gereja Besar Manmin mempunyai jemaah seramai lebih daripada 120,000 ahli. Terdapat 10,000 cawangan gereja di dalam dan luar negara di seluruh dunia termasuk 56 cawangan gereja tempatan, dan setakat ini lebih 129 misi mubaligh telah dihantar ke 23 negara, termasuklah Amerika Syarikat, Rusia, Jerman, Kanada, Jepun, China, Perancis, India, Kenya dan banyak lagi.

Sehingga tarikh penerbitan ini, Dr. Lee telah menulis 85 buah buku, termasuklah jualan terlaris seperti Tasting Eternal Life before Death, My Life My Faith I & II, The Message of the Cross, The Measure of Faith, Heaven I & II, Hell, Awaken, Israel!, dan The Power of God. Hasil karyanya telah diterjemahkan ke dalam lebih daripada 75 bahasa.

Kolum Kristiannya muncul di The Hankook Ilbo, The JoongAng Daily, The Chosun Ilbo, The Dong-A Ilbo, The Munhwa Ilbo, The Seoul Shinmun, The Kyunghyang Shinmun, The Korea Economic Daily, The Korea Herald, The Shisa News, dan The Christian Press.

Dr. Lee kini merupakan pemimpin bagi banyak organisasi dan persatuan mubaligh. Kedudukan ini termasuklah: Pengerusi, Gereja Penyatuan Suci Yesus Kristus; Presiden, Misi Dunia Manmin; Presiden Tetap, Persatuan Misi Kebangkitan Kristian Dunia; Pengasas & Pengerusi Lembaga, Global Christian Network (GCN); Pengasas & Pengerusi Lembaga, Jaringan Doktor Kristian Sedunia (WCDN); dan Pengasas & Pengerusi Lembaga, Seminari Antarabangsa Manmin (MIS).

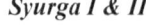

Buku-buku lain yang hebat dari penulis yang sama

Syurga I & II

Jemputan ke Bandar Suci Yerusalem Baru, yang mana 12 pintu pagarnya diperbuat daripada mutiara yang bergemerlapan, di tengah-tengah Syurga yang luas dan bersinar seperti permata berharga.

Tujuh Gereja

Mesej Tuhan untuk membangkitkan orang Kristian dan gereja daripada tidur rohani, yang dihantar ke tujuh gereja yang dicatatkan dalam Wahyu bab 2 dan 3, yang merujuk kepada semua gereja Tuhan

Neraka

Mesej kepada semua manusia daripada Tuhan, yang tidak mahu walau satu jiwa pun masuk ke Neraka! Anda akan mengetahui perkara yang tidak pernah diterangkan di mana-mana sebelum ini tentang penderitaan di Neraka.

Hidup Saya Iman Saya I & II

Aroma kerohanian paling harum yang diambil daripada kehidupan yang mencintai Tuhan, di tengah-tengah gelombang gelap, cabaran dan penderitaan hebat.

Ukuran Iman

Apakah tempat tinggal, mahkota dan ganjaran yang disediakan untuk anda di syurga? Buku ini memberikan kebijaksanaan dan bimbingan untuk anda mengukur tahap iman dan memupuk iman yang terbaik dan matang.

www.urimbooks.com

www.ingramcontent.com/pod-product-compliance
Lightning Source LLC
LaVergne TN
LVHW061038070526
838201LV00073B/5099